EL PEQUEÑO LIBRO DEL HUMOR

EL PEQUEÑO LIBRO DEL HUMOR

Ángel Rielo

alienta
EDITORIAL

Alienta es un sello editorial de Centro de Libros PAPF, SLU.
Av. Diagonal, 662-664
08034 Barcelona
www.planetadelibros.com

Diseño de la colección: Planeta Arte & Diseño

Primera edición: mayo de 2024
Depósito legal: B. 6.831-2024
ISBN: 978-84-1344-282-2
Composición: Maria García
Impresión y encuadernación: Egedsa
Printed in Spain - Impreso en España

PEFC Certificado
Este libro procede de bosques gestionados de forma sostenible
PEFC
PEFC/14-38300305
www.pefc.es

A Ceferino Rielo Gómez, que me cuidó con mucho amor y me dio este apellido maravilloso que me guía desde siempre.

A Jesús de Nazaret, por ser mi guía y mi influencer *favorito.*

A todas las almas bellas que me acompañan en este caminar.

Gracias

Sumario

Tercera parte
DIME CÓMO TE RÍES Y TE DIRÉ QUIÉN ERES

Cuarta parte
EL PODER DEL SENTIDO DEL HUMOR

Quinta parte
DEL HUMOR AL AMOR

Sexta parte
FELICIDAR

En la vida hay
dos sentidos que no
se pueden perder,
el del humor y el
de la orientación,
pues en los dos casos
estás perdido.

PRÓLOGO

He nacido en una casa de seis hermanos. Como podéis imaginar, conozco las peripecias y malabares que hacían unos padres trabajadores de aquellos tiempos —empeorando lo presente— para sacar adelante a su familia.

Pero lejos de agarrarse al pesimismo, lejos de recrearse en las carencias, y muy muy lejos de la tristeza, mi padre grabó a fuego en esos seis hermanos, una frase que hoy utilizamos como escudo salvador, en el momento que escuchamos al victimismo venir hacia nosotros con sus apresurados pasos: «Las penas no hay que trabajárselas».

No sé si esa frase habrá tenido que ver algo en el devenir profesional de mi hermano César y mío, pero lo que sí que tengo claro es que esta frase de seis palabras —a palabra por hermano, curiosa coincidencia— me ha servido de filtro para rodearme de personas que ven colores cuando la vida sólo te da grises, que llorando cantan por alegrías y que pierden el sentido y el sentido que pierden es el del humor.

Por eso estoy aquí. Por eso soy el prologuista de este libro y por eso soy el orgulloso amigo de Ángel Rielo.

Un ser humano —no es que se haya convertido en extraterrestre, es un término que utilizo sólo para los que además de serlo lo ejercen— que me dejó claro desde el principio que además de sentido del humor, tenía un humor con mucho sentido. Tanto es así que lo convierte en herramienta para que la ansiada serenidad se quede cada vez más tiempo contigo.

Tras esta página te está esperando el principio de todo. Tras esta página hay amor y humor a partes iguales.

Pero antes de pasarla, sonríe y repite conmigo: «Las penas no se trabajan».

Te quiero, amigo. Gracias por dejarme formar parte de esta felicidad.

JORGE CAVADAL, Los Morancos

INTRODUCCIÓN

Que la vida merezca la RISA

Ángel Rielo

Que la vida merezca la risa... y no la pena, ¿verdad? Qué manía con poner penas en la vida de la gente. Siempre he querido ser catalizador de alegrías, y este libro pretende traerte muchas y muy bien pensadas para que puedas disfrutarlo y a la vez entrenar tu sentido del humor.

El título de esta introducción es también el de una de mis canciones favoritas, que se incluye en el espectáculo del mismo nombre que llevo unos cuantos años creando e interpretando. Sí, querida alma bella, además de escribir, cada vez que puedo me subo a un escenario para disfrutar repartiendo alegría y mucho humor.

La verdad es que por muchos libros que escriba este momento siempre es esencial: cómo romper el hielo para que tú y yo nos relajemos y mantengamos una conversación distendida, divertida y profunda, porque, aunque no lo parezca, ¡eso es lo que me gustaría! Me encantaría que ahora mismo te trasladases a un lugar tranquilo y de confianza, un lugar en el que te sientas cómoda.[1] Por ejemplo, una

1. Me gustaría comentaros algo sobre el lenguaje inclusivo: cuando escribo «vosotros» me refiero a seres; cuando escribo «vosotras» es que hablo de almas. Lo aclaro porque si no me voy a volver loquito escribiendo, ¿vale?

cafetería con música *jazz* de fondo y olor a canela, una playa donde sólo se oigan las gaviotas y el romper de las olas o un concierto de *hard rock*, punk o *heavy metal*, ¡para gustos se hicieron los colores!

Ahora que tienes ese lugar en mente, imagínate en una posición supercómoda y tranquila, porque no tienes nada que hacer ni responsabilidades que cumplir —te recuerdo que estamos imaginando, así que dale rienda suelta a tu creatividad, ¡aunque sea difícil pensarse sin estrés ni caos en este mundo loco! Estás en calma, en el lugar elegido, y a tu lado estoy yo, contándote cosas que he vivido, explicándote historias que he oído y relatándote aprendizajes que he adquirido. Eso es lo que quiero que sea este libro.

Para que te hagas una idea, esta obra se ha escrito a bordo de un avión rumbo a Estados Unidos; en una casita junto a un río en Canadá; en los hoteles donde me alojo cuando viajo para dar conferencias; en los trenes que me llevan de un lado a otro; en Casa Amor, en Marbella, y en cada rincón sosegado que encuentro y que busco para concentrarme en él. Cada libro que escribo es un viaje hacia dentro y hacia fuera para abrirme en canal y mostrar lo que he aprendido y cómo me siento. La vida me propone escenarios teatrales y profesionales muy diversos estos días y, practicando la rendición, me dejo llevar por ellos.

Y aquí estoy otra vez, frente al ordenador y con las ganas de volver a escribir a flor de piel. Éste es mi cuarto libro, madre del *señó*, ¡qué locura! Se dice pronto, pero se tarda lo suyo en darle forma a un libro. Antes de libros he escrito guiones para mis espectáculos, para programas de televisión y un guion para cine muy potente que se titula «La vida puede ser maravillosa»... Una vez me dieron un premio por un guion sobre el nacimiento de la Cruz Roja; tendría yo unos doce años y fue muy emocionante. Además, aprendí una palabra curiosa y divertida: *accésit*, que viene a ser la recompensa inmediatamente inferior al premio principal en un concurso científico, literario o artístico. (No es que yo sea muy listo, es que lo acabo de mirar en Google.)

Como decía, he escrito muchas cosas: cartas a mi madre cuando me fui de casa con dieciséis años; cartas a profesores para que me aprobaran una asignatura; cartas a la novia que me dejó plantado en Marbella a los dieciocho y se fue a vivir a Londres… Con esas cartas me di cuenta de que podía ser un buen escritor, porque le conté una trola (mentira, engaño, falsedad) muy rebuscada y literaria. Debió de ser muy real porque se la creyó totalmente.

También he escrito muchos mensajes de texto y wasaps y alguna que otra postal; por lo tanto, sé escribir, se me da bien, aunque para la ortografía siempre busco la complicidad de Anouk Rielo, que ya ha participado en los libros anteriores (gracias por todo lo que me enseñas siempre, hija).

Estos libros gustaron; de ahí que se hayan vendido bien y la editorial Alienta me ofrezca esta nueva oportunidad de publicar. Todo lo que escribo sale del corazón, del alma, de la vida vivida, y por eso ha llegado el momento de escribir este libro, que, además de ser un relato de cómo he vivido y sentido la huella que dejo en los demás, es también una caja de herramientas para que cada personita que lo lea pueda identificar su propia huella. En este pequeño libro se habla del humor, que es la esencia de la vida, y del «efecto Rielo», que es la magia con la que he conseguido llegar hasta aquí sano y salvo.

Sin embargo, no olvides que tú también tienes el tuyo, tu efecto, esa huella que dejas en cada persona a la que conoces, a la que amas o con la que te relacionas de la forma que sea. Ese efecto se trabaja, se entrena y se mejora para hacerlo maravilloso, y para mí ha sido fundamental el sentido del humor para conseguirlo. Por eso estoy escribiendo este libro, para cerrar una trilogía maravillosa con los tres pilares de mi esencia vital:

FELICIDAD - AMOR - HUMOR

Gracias por estar aquí y prepárate para conocerme un poco mejor y, si te atreves, conocerte tú también, ¡que es una verdadera aventura, un reto maravilloso!

Mi nombre es Ángel, que viene de la palabra italiana *angelo* y su antecedente latino *angelus*, que vienen de la palabra griega *ággelos*, 'mensajero', persona que trae noticias. Mi apellido real, Rielo, que a su vez, con tilde, es un tiempo verbal del verbo *reír* en imperativo y del verbo *rielar*: rieló, que significa 'vibrar', 'temblar'. Brillar con luz trémula, cabrillear, resplandecer, fulgurar, lucir. Como verás, nada es casual y todo trae su significado. Yo creo en esas cosas y en esos designios divinos, creo que todos y todas nacemos con un don o incluso varios y saber usarlos es uno de los secretos de la esencia de esta vida terrenal, humana y maravillosa.

El efecto Rielo es lo que me trajo hasta aquí, a esta calma y esta serenidad que hay que seguir cuidando cada día. Se basa en ir alcanzando y asumiendo diferentes efectos hasta llegar al que te haga sentir en paz. Voy a contarte los pasos que he seguido, los obstáculos que he sorteado, las montañas que he escalado y las tormentas que he atravesado para llegar hasta aquí. Y que conste que el camino no ha terminado, pues nunca se para de aprender: la excelencia no tiene límites y tras un nivel de aprendizaje siempre llega otro tan hermoso y creativo como el anterior.

Si lo que lees te inspira, te alegra, te motiva, te divierte; si te apetece que seamos amigos, te gustaría presentarme a los tuyos, traer a tu familia a verme actuar... Eso, lo que has sentido, es la fuerza del efecto Rielo. Este libro trata sobre el poder del sentido del humor para darle sentido a tu vida, y ya sabes que un gran poder requiere una gran responsabilidad. Palabra de Spiderman.

Prepárate, acomódate, coge un subrayador y hazte una infusión calentita o un té helado, que vamos a volar con la alegría de vivir y a convertirnos en risa de la cabeza a los pies, del alma al corazón, de la mente al infinito y más allá.

Abrazos inmensos y apapachos con el alma de Ángel Rielo, tu feliciólogo de cabecera.

PRIMERA PARTE

EL EFECTO RIELO

Si te olvidas
de reír, te olvidas
de vivir.

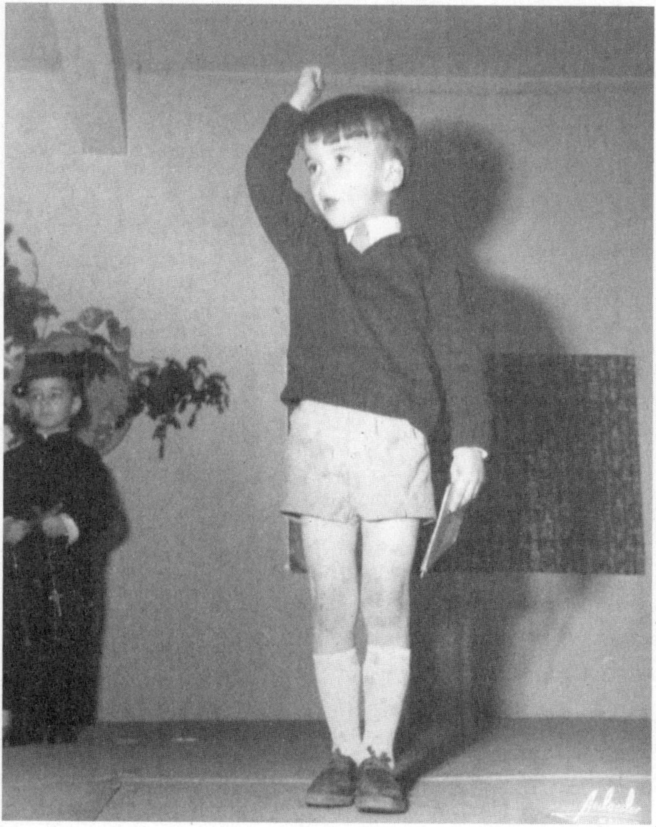

Primera actuación de Angelito como maestro de ceremonias, en el año 1971, durante la fiesta de fin de curso del colegio Nuestra Señora de las Mercedes, en Madrid.

I

¿QUIÉN ES ÁNGEL RIELO?

Este capítulo es para todos, pero sobre todo para ti, que me acabas de conocer; es decir, que terminan de regalarte este libro, o te lo has encontrado casualmente en la estantería de una librería y, al ver lo atractivo y sonriente que estoy en esa foto de contraportada y la simpatía que derrocho, has decidido comprarlo. Ya me irás conociendo: tengo tendencia a quererme mucho y decirme cosas bonitas, siempre sin esperar a que otras personas me las digan, de modo que si te identificas con esto, quédatelo desde ya. De hecho, coge un subrayador y señala todas las cosas que te resulten reconocibles y quieras recordar. Imagina que cuando algo te llega potente escuchas un bum en tu cabeza. Incluso puedes repetirlo en voz alta y así será como un anclaje que guardarás en tu memoria. Esto lo hacemos en el teatro, en las conferencias y en los talleres, y es muy práctico y divertido.

Mi nombre es real, no artístico. Sí, ya sé que es curioso trabajar en el ámbito del humor y llamarse Rielo, pero la vida es así de caprichosa y me tocó ese apellido por parte de padre, y Fernández por parte de madre. Gracias a los dos por este regalo.

Cuando me preguntan quién soy suelo contestar que simplemente yo *soy*. Prueba a repetirlo en voz alta varias veces y verás que sin etiquetas te sientes más, te calificas menos, te comparas menos y sin duda eres más feliz. Cuando digo «Yo soy» lo normal es que las personas pongan cara de póker; de asombro, ya sabes, y yo respondo que ser ya es algo maravilloso y más que suficiente, aunque en la sociedad actual nos empeñemos en los títulos, los cargos y los oficios para aparentar ser más de lo que ya somos, que es, en esencia, luz, amor y energía.

Aun así, te contaré algunos detalles para ponerte en antecedentes penales, digo curriculares, que penales, gracias a mí, no tengo. Sí, he dicho «gracias a mí». Se suele decir «gracias a Dios», pero, primero de todo, Dios somos todos y lo es todo y, además, aquí hay una buena responsabilidad por mi parte por las decisiones tomadas, y me gusta darme las gracias por los logros alcanzados. ¿Tú lo haces? Pues mira, ya puedes ir empezando, porque si algo he aprendido en todos estos años es que todo comienza por el principio, y el principio eres tú.

Estudié en muchos colegios, algunos de curas simpáticos y otros de monjas sádicas. No es por faltar al respeto, pero he presenciado agresiones a niños que son propias del sadismo de la época, expresado en frases como «La letra con sangre entra» o «Quien bien te quiere te hará llorar». Aquellas monjitas me hicieron repetir párvulos. Sí, como lo oyes, y por eso siempre era un año mayor que todos mis compañeros de clase, lo que a veces era una gran ventaja, sobre todo a la hora de plantarles cara a los abusones. Así se llamaba antes al *bullying*, aunque era menos común, puesto que el castigo físico era algo habitual y los agresores eran otros. En aquella época te zurraban los profesores, los padres, los policías, los hermanos…, incluso más que los propios compañeros. Fui pasando de colegio en colegio y con ocho años ya me llevaron a un internado y ¡zasca!, se me abrió la primera herida consciente: el abandono.

Más tarde mi madre me contó algo que me cambiaría completamente la vida, me acompañaría para siempre y me dejaría una huella imborrable. Ella se había casado con un caballero muy apuesto y elegante. Lo había hecho por despecho, pues su novio descubrió que era hija de un teniente coronel médico del Ejército Republicano al que habían fusilado y la dejó de manera fulminante. Puede que por ese motivo nunca llegara a ser feliz estando casada con el chico que la pretendía desde siempre: Ceferino Rielo Gómez.

Después de tener cuatro hijos y una vida alborotada se enamoró de otro caballerete, y entonces nací yo. Eran tiempos difíciles y no se podía saber nada de aquello, por lo que pactaron que Ceferino me reconociera como hijo suyo. Lo que no te imaginas es que no sólo me reconoció como su hijo, sino que me educó, me crio, me amó, me protegió y me enseñó lo que es el amor incondicional, puesto que, aun no siendo hijo suyo, siempre me trató como a uno más, sin diferencias, sin reproches, sólo con amor.

Sin embargo, un día a mi madre le dio un ataque de sinceridad, lo que viene siendo un *sincericidio*, y ahí que me soltó la bomba. Una noche, antes de acostarnos (o así lo recuerdo yo), me contó que mi padre no era mi padre y que su amado furtivo era el responsable de mi nacimiento. No recuerdo cómo viví eso a tan corta edad, sólo tenía ocho años, pero puedo intuir que en ese momento se me abrió otra herida, ya que me tocaba aceptar y entender que mi padre era don Rafael Rodríguez, al que ni siquiera conocía bien y no sabía cómo iba a afectar eso a mi padre don

Ceferino Rielo. Ahora me gusta pensar que siempre tuve dos padres: uno biológico y otro lógico, y de ambos aprendí por el camino.

Cuando tenía nueve años un día preguntaron en clase qué queríamos ser de mayores. Todos los niños aspiraban a ser grandes cosas: médicos, abogados, militares... Cuando llegó mi turno respondí: «¡Quiero ser payaso!». Todo el mundo se echó a reír y pensé dos cosas: la primera, «Parece que voy bien», y a continuación, «Esto es lo que quiero hacer el resto de mi vida: poner sonrisas en la cara y en la vida de los demás».

Estuve interno hasta los doce años y entonces me llevaron de vuelta a casa, a vivir con mi madre, que ya se había ido a vivir con mi padre biológico, pero no me adapté ni a la casa ni al mundo que habían creado, y por decisión propia con quince años me fui interno a ochocientos kilómetros de aquella casa, de aquel mundo al que sentía que no pertenecía. Había que poner distancia y fue una huida en toda regla. Además, abandoné los estudios de criatura inteligente y formada para dedicarme a la formación profesional... ¡en hostelería! ¿Cómo? Pues eso, que estudié dos años para ser camarero de nivel, y el nivel se me cayó encima nada más salir de allí, cuando me pusieron a fregar vasos y cortar limones. Digo yo que para eso no me hacían falta dos años de aprendizaje, pero la vida es así y siempre tiene un regalo para ti.

El niño que quería ser payaso se había olvidado de su propósito y al llegar la adolescencia se quiso formar como psicólogo de barra. Lo siguiente fueron algunos meses de dar tumbos hasta que descubrí que el pinchadiscos de la sala donde cortaba limones vivía como un rey y, además, hacía feliz a la gente invitándola a bailar desenfrenadamente todas las noches. Entonces recuperé el espíritu del payaso, el artista, el creativo, y aprendí el oficio de pinchadiscos. Lo que aquel joven hacía cuando ponía música era impresionante: tenía carisma, y ésa es la esencia del impacto de los seres humanos en otras personas.

Sólo me hicieron falta un par de meses para aprender a manejar los aparatos y conocer la música y la forma de ponerla. Entonces empecé a darme cuenta de que también tenía carisma y que todo aquello que antes me resultaba incómodo ahora se ponía a mi favor. Me refiero a la eterna etiqueta de ser protagonista, de ser egocéntrico. Recuerdo que mi madre siempre me decía que era el abogado de los pleitos pobres, y es que siempre me gustó defender y cuidar, lo cual me ponía en el punto de mira de los mediocres. Muchas veces el carisma nos sitúa en el centro de la atención y entonces aparece la mano castrante para apagarte la luz, para cortar cualquier ramita que se salga del tiesto. Te cuento esto para que sepas que es posible que cuando desarrolles este método la mediocridad se altere y te ataque con todo su infame arsenal de falacias. Pero tú no le hagas caso a medios días habiendo días enteros (refrán de mi madre).

De pinchadiscos pasé a ser empresario. Uf, espera, que esto va demasiado rápido: estuve desde los dieciséis hasta los diecinueve años poniendo música y aprendiendo todo lo bueno y no tan bueno de la vida, recorriendo media España, y acabé en Marbella, donde viví muchas aventuras, como dormir en la calle o ser detenido por la policía por dormir en un coche y conducir sin carnet. En fin, lo típico. Un día mi papá lógico, Ceferino, se me marchó a otro plano; se me murió, vamos, y ¡zasca!, otra herida más para el currículo. No sé cómo me repuse, pero aquello me trastornó y me hizo buscar alivio donde no era.

Con lo que recibí de su herencia abrí mi primer negocio, a la edad de veinte años: un bar de copas. De este modo podía ser camarero y pinchadiscos a la vez, aunque en esa época ya se nos denominaba DJ.

En los siguientes veinte años creé muchas más empresas: una tienda de discos, una productora de radio y televisión, una editorial de revistas, una escuela de *discjockeys*, restaurantes, una escuela de comedia y, por último, también creé una ciencia, la feliciología, y una plataforma online llamada Facultad de Feliciología, pero eso te lo contaré más adelante.

A lo largo de todos estos años, además, trabajé en todas las cadenas de televisión de este país y con las mejores profesionales del momento, ya que de ser DJ pasé enseguida a ser locutor de radio, presentador de televisión y actor en múltiples series y algunas películas de renombre.

Me dediqué por completo al humor y a buscar el éxito en televisión, y luego aprendí que había sido un gran error, puesto que el éxito no es la fama. Por ése y otros motivos me di cuenta de que aquél no era mi lugar, y Dios me quiso sacar de ahí. Algo que sucedió en la entrega de los Premios TP del año 2007 cambió para siempre el curso de la historia, de mi historia. Por aquel entonces trabajaba como actor cómico en el programa de Ana Rosa en las mañanas de Telecinco y ese día, en esa gala, cometí el error de convertirme en el centro de atención, de posicionarme en un lugar que no me correspondía, y el precio que tuve que pagar fue alto, aunque quién te dice a ti que eso no era exactamente lo que tenía que pasar para que mi vida diera el giro de 180 grados que necesitaba. Así se inició un camino maravilloso que me llevó de la televisión a los cruceros, y de ahí a poder acompañar e inspirar a tantas almas bellas en el camino de la vida. A veces no vemos el *para qué*, pues nos centramos en el *porqué* y, como decía una amiga mía, si preguntas por qué, te llegan porquerías.

Cuando sucedió aquel episodio en los Premios TP todo el peso de la ira y el ego de algunos compañeros del programa donde trabajaba cayó sobre mí, y el resultado fue que no me renovaron el contrato y se terminó esta etapa de un modo ciertamente doloroso. No fue hasta tiempo después que, al leer algo precioso sobre la historia de Jesús de Nazaret, comprendí cuál había sido mi error:

> Jesús les dice: «Cuando te inviten a un banquete de boda no te sientes en el sitio más destacado. Puede que también se haya invitado a alguien más honorable que tú. Entonces el que os invitó a los dos vendrá y te dirá: "Deja tu lugar a este hombre". Y tendrás que irte avergonzado al último lugar» (Lucas 14:8, 9).
>
> Y añade: «Cuando te inviten, ve y siéntate en el último sitio para que, cuando venga el hombre que te invitó, te diga: "Amigo, ven a un sitio superior". Así serás honrado delante de los demás invitados». No sólo se trata de mostrar buenos modales; implica mucho más, pues Jesús explica: «Porque todo el que se engrandece será humillado, pero el que actúa con humildad será engrandecido» (Lucas 14:10, 11).

En este pasaje vemos que Jesús anima a quienes lo escuchan a ser humildes. Nunca olvides esta enseñanza, ya que nos muestra una cualidad esencial para alcanzar tu efecto: la humildad.

Miguel de Cervantes decía en su obra *El coloquio de los perros*: «La humildad es la base y fundamento de todas las virtudes, y que sin ella no hay alguna que lo sea». Tremendo don Miguel, ¿eh?

La humildad es una virtud humana que puede aplicarse a quien ha adquirido conciencia de sus propias limitaciones y puntos débiles y actúa en consecuencia. La humildad es lo contrario a la soberbia y se asocia con la aceptación de nuestras carencias, flaquezas y límites.

¿Te gustaría saber cómo ser más humilde? Aquí tienes cinco *tips* (se usa mucho esa palabra ahora, ¿verdad?). Son cinco cositas que te pueden acercar a ese regalo de virtud, así que ponles atención:

1. Evita juzgar a los demás. La dignidad, valor imprescindible de la humildad, no se mide por los títulos académicos ni los logros profesionales, sino por la huella que dejas en los demás.
2. Crea lazos auténticos con tus semejantes.
3. Recuerda que no eres más que nadie, pero tampoco menos.
4. Ten en cuenta otras percepciones y reflexiona antes de reaccionar.
5. Cultiva la generosidad; verás qué maravillosa cosecha obtendrás.

Por otro lado, verás que en este libro hablo de Dios, aunque no desde el punto de vista religioso, pues para mí Dios es, en primer lugar, todo aquello que no entiendo, que no tiene explicación y, además, la suma de todas las consciencias, la consciencia universal. También verás algunas referencias a Jesús de Nazaret, que ha sido y es una figura muy inspiradora para mí. Podríamos decir que fue el primer *influencer* de la historia: comenzó con doce seguidores (bueno, once y un *hater*),[2] pero mira hasta dónde ha llegado, sin muchos medios y con un algoritmo muy especial: el amor. Espera: EL AMOR, con mayúsculas, que es uno de los temas que más me gusta compartir y tiene mucho que ver con el efecto Rielo, pues todo nace y florece desde el amor. Te recuerdo que este concepto no se limita a la pareja ni al amor romántico, sino que es la esencia de lo que somos. Si quieres disfrutar con una buena serie en tus ratos de ocio, te recomiendo ***The Chosen*** (*Los elegidos*), que cuenta la historia de Jesús y sus seguidores desde otro enfoque diferente, y verás como el sentido del humor está muy presente en la historia.

Tras este breve recorrido por mi trayectoria, gracias al cual has podido contextualizar y entender desde qué posición escribo, vamos a comenzar el viaje, ¿te parece bien? Ya sabes que humor y amor son las claves de una vida plena, y quiero dejar bien claro lo que ha significado el humor en mi vida. Ha sido crucial para sobrevivir a situaciones dolorosas, incluso peligrosas, y de eso va este libro: de la importancia del sentido del humor para darle sentido a nuestra vida.

¡Comenzamos!

2. Por si no lo sabías, existen tres libros anteriores a éste: *Rieloterapia, la ITV del alma* (Gami Editorial), que está descatalogado, y *El pequeño libro de la felicidad* y *El pequeño libro del amor* (ambos de Alienta Editorial).

2

¿PARA QUIÉN ES ESTE LIBRO?

Pues para ti, para cualquier alma bella, precioso ser o persona humana que sepa leer y quiera hacerse cargo de su vida de una vez por todas y hacerlo desde el maravilloso mundo del humor. Sí, porque hemos pasado mucho tiempo creyendo que las cosas de fuera regían nuestra vida, que la vida es lo que nos pasa, y no es así.

Este libro es para gente valiente que se atreve a reconocer, que puede aprender algo que desconoce; eso es humildad. La felicidad es un acto de valentía absoluta, de atreverse a admitir que, aunque estés en proceso de maduración, aún no has madurado del todo y que nunca se deja de aprender, repito, con absoluta humildad. La gente valiente no es la que se hace la fuerte; es la que reconoce su debilidad y pide ayuda.

Este libro es para gente humilde, y me estoy refiriendo a la humildad que se precisa para poder aceptar que puedes hacerlo mejor, que puedes aprender cosas nuevas, que puedes superar retos y sanar heridas. Todos tenemos heridas y así se escribe la historia del héroe y la heroína: sanándolas.

Este libro es para ti, tengas la edad que tengas, sientas la edad que sientas y aparentes la edad que aparentes. Este libro es para ti, alma bella, tanto si eres estudiante como trabajadora, empresaria o jubilada.

Este libro es parte de mi ser, de lo que aprendí y sigo aprendiendo, de dónde me equivoqué y de cómo convertí esos errores en parte del mapa que te ofrezco, para que lo puedas leer, te sea útil y te guíe.

Este libro no pretende cambiarte la vida; eso lo harás tú cuando aprendas de todo lo que la vida te ponga por delante y lo sientas como una bendición. El objetivo de esta obra es que aprendas a reírte sin miedo, incluso a reírte del miedo para minimizarlo y poder volar.

Este libro es para ti, que ya lo has probado todo y aún sigues sufriendo. Y para ti, que sabes que no viniste a eso y que lo mejor está por llegar.

Este libro es para ti y para quien tú quieras que sea.

Justo cuando crees que lo sabes todo es cuando más necesitas aprender. La excelencia no tiene límites.

3

¿CÓMO SE USA ESTE LIBRO?

Este capítulo es como la posología de un medicamento: indicaciones, modo de empleo, efectos secundarios y contraindicaciones.

Imagina que hemos creado un medicamento único para sentirse feliz y en plenitud: Humorin Forte. El modo de empleo es sencillo: aplicar sobre el área de la vida que quiera mejorarse, con la evolución y el cambio como base esencial del proceso. (Aquí me he puesto profundo…)

Posología: para todas las edades. Tomar Humorin Forte como mínimo una vez al día hasta terminar cada una de las páginas y vivir desde el humor, con la importancia que tiene y sabiendo lo que sana.

El uso debe ser responsable y constante para que el efecto sea efectivo, valga la redundancia. Para usarlo adecuadamente se deben seguir las instrucciones, hacer los ejercicios, ver los vídeos, llenar las páginas de subrayado de colores y tomar apuntes.

Puede provocar los siguientes efectos secundarios:

- Desconcierto por el zarandeo emocional.
- Excitación por la emoción del aprendizaje.
- Calma, sosiego y una profunda sensación de felicidad.

- Ganas de comerse el mundo.
- Verborrea y ganas de compartir para contarle a la gente lo que se va descubriendo.
- Agujetas en cara y vientre provocadas por las carcajadas.

Este libro está contraindicado para personas negativas, incrédulas, agnósticas y rancias por naturaleza, así como para caratruños y personas Módena (avinagradas) que dudan de todo, que no comprenden lo que no sea terrenal o lo que se salga de lo que aprendieron en su momento, que, aunque no las hace felices, consideran que son sus creencias y punto. Pensándolo bien, este libro es perfecto para ellas. Si conoces a alguien así, regálaselo ¡pero ya!

Este libro habla del humor como fundamento de vida y como la herramienta definitiva para completar y sanar una vida humana. También he iniciado un grupo en Telegram para compartir, consultar y recibir información en tiempo real. Sigue leyendo, que encontrarás el camino…

Para cualquier duda consulta con el feliciólogo. Puedes escribirle al e-mail <hola@angelrielo.es>.

4

¿CÓMO NACIÓ ESTE LIBRO? EL EFECTO RIELO

Ahora te quiero contar cómo nació el efecto Rielo, pero primero me gustaría hacerte una pregunta: ¿cómo te sientes? Respira y cuéntatelo, o si quieres cuéntamelo por Instagram, por e-mail o lánzalo a la consciencia, que seguro que me llega.

Habrá quien esté pensando: «Este chaval está *fumao*», y es que a veces nos cuesta aceptar un lenguaje más transpersonal por la costumbre o por la domesticación a la que hemos sido sometidos.

Para mí el efecto Rielo es el «modo» que me ha llevado por estos cincuenta y ocho años de vida con ligereza y alegría. Sí, tengo cincuenta y ocho años, aunque no los aparente, y eso es porque el humor y la risa rejuvenecen; la actitud vital nos da más vida. Ya sabes que la niñez, la adolescencia y la juventud nos dejan huellas que la madurez refleja y que a veces nos impiden ser con amor y libertad. Y es entonces cuando la risa y todo lo que abarca —pues hablar de risa es hablar de alegría, de satisfacción, de caricias al alma con cada carcajada— nos lanza un salvavidas que nos restaura y nos devuelve a tierra firme.

Siempre fui un niño alegre, ésa es la verdad, y no te podría decir por qué motivo; tal vez la mano de Dios, la genética, la lotería de los dones…, yo qué sé, si al final todo son creencias. Sea lo que fuere, este angelito fue tocado con el don de la alegría y el sentido del humor y eso me salvó la vida y lo sigue haciendo, puesto que sólo cuando reímos relativizamos el drama y, créeme, el drama se acaba presentando antes o después; anda agazapado a la espera de hacer su aparición estelar.

El efecto Rielo se fue revelando con el tiempo. Muchas fueron las veces en que me veía abocado a dejar de ser yo para poder encajar y no ser juzgado por la masa. Un día mi amigo Paco Ventura me dijo una frase que me dejó huella: «Algunas personas eligen odiarte porque no saben amarte». La verdad es que tiene sentido, porque las personas que no saben amar suelen dedicarse a odiar, criticar, juzgar y menospreciar.

He sentido esa lacra muchas veces en mi vida, y lo peor no es que alguien hable mal de ti; lo realmente duro es que otras personas que ni te conocen se lo crean. De pequeño, y con este carácter, solía causar ese efecto y un día mi madre, cuando la llamaron del colegio por alguno de los líos en los que me metía, supo darle una respuesta al profesor que le dijo «Es que su hijo siempre quiere ser el centro de atención». Ella, que me conocía bien, respondió: «No es que quiera serlo, es que lo es». Puede que me haya inventado esta historia, pero me gusta cómo suena y sé que algo de eso tuvo que pasar. ¡Ay, Matilde Fernández! Cómo te extraño, cuánto bien me hiciste y qué poco te lo agradecí cuando podía abrazarte. Ahora lo hago con el alma; cada día te apapacho[3] y vives en mí.

3. *Apapachar*, un término propio de Honduras y México, no tiene una traducción literal exacta, pero se puede entender como una acción

Mi madre reía mucho, mi abuela reía mucho y mi hermanita Tille también. Se reían de todo, y creo que eso me dejó una huella mágica. Con su ejemplo aprendí a usar la risa para solventar los momentos más complicados de mi infancia. Mi padre lógico, don Ceferino, sacaba su lado más cómico para conectar con su dolor y sanarlo y creo que eso también me marcó y entendí la importancia del humor y la risa para poner orden en el caos. Mi padre biológico, don Rafael, también tenía una vena cómica muy divertida. Solía hacer buenas bromas y era muy ocurrente con las palabras (bueno, lo sigue siendo, que aún está entre nosotros y ojalá que sea por mucho tiempo).

Ahora te toca a ti. ¿Cómo recuerdas tu infancia? ¿Reías hasta que te hicieron el conjuro negativo de «Tómate las cosas en serio, que ya eres mayorcito»? Sé que me repito, pero toca cancelar, borrar y desaprender. La risa es sanación para tus heridas y medicina para el alma, del mismo modo que la música es bálsamo y banda sonora de una vida feliz. La comicidad es esencial para vivir, y por eso en este libro me gustaría enseñarte a entrenarla.

Si algo me queda claro es que todos y todas tenemos un efecto. El mío es Rielo, ¿y el tuyo? ¿Lo reconoces? ¿Qué huella

---

de cariño, afecto y amor. Se refiere a abrazar, acariciar, consentir o brindar muestras de afecto de manera amorosa y tierna a otra persona. Es una forma de expresar cuidado, ternura y protección, y puede ser tanto física como emocional. Apapachar implica proporcionar un momento de calma, contención y bienestar a la persona a la que se apapacha. En la cultura mexicana el apapacho se considera un gesto muy significativo y se valora mucho en las relaciones personales, especialmente en el ámbito familiar y de amistad cercana. Es una manera de transmitir amor y reconfortar a alguien mediante la cercanía y el contacto afectuoso.

dejas en los demás? ¿Vas a seguir pensando que todo lo deciden los demás, los de fuera, los que mandan, o vas a empezar a tomar las riendas de tu vida y dirigirte hacia donde te sientas en paz? Los estoicos decían que el propósito único y primordial del ser humano es ser una buena persona, estar en paz, aceptar la vida tal como viene y sembrar el amor en todo lo que se haga, así que a partir de ahora medita sobre lo que haces y plantéate si eso te acerca o te aleja de tu propósito y verás qué sencillo te resulta ser feliz. La felicidad no es un estado, sino una actitud, una decisión.

El efecto Rielo se basa pues en los siguientes puntos: integrar el humor como herramienta de sanación en tu personalidad, usarlo para relativizar y darles otra perspectiva a los asuntos mundanos y crear una rutina de vida saludable con la risa como *modus operandi*. Entrenar tu sentido del humor para alcanzar tu efecto sólo depende de las ganas que le pongas; de tu voluntad, tu constancia y tu fortaleza. Quejarse y poner pegas es muy fácil, pero nada que sea sencillo se valora tanto como algo que requiere presencia y trabajo personal.

El humor es el equilibrio perfecto para una vida plena y feliz, que no se te olvide. En cada libro he tratado de darle la vuelta al concepto que trataba: felicidad, amor y ahora humor, que a la sazón son los tres pilares de mi vida y mi compartir.

Veamos: el efecto Rielo es esa sensación que queda en las personas cuando comparten vida conmigo, cuando me conocen, cuando pasamos juntos, como diría mi amigo Poty, un *ratuco* de vida. El humor y la risa son las muletas fundamentales para avanzar en este camino vital, y el efecto Rielo es alegría que se contagia, es ilusión que se impregna, son ganas de vivir que se instalan en ti cuando ves que si yo puedo, tú puedes.

El efecto Rielo es descubrir que, a pesar de los pasados pesados, se puede ser feliz y, además, con menos de lo que creías. El efecto Rielo es entender que sólo cuando aceptas las cosas éstas dejan de doler, que no importan las heridas, sino cómo cicatrizan. Es comprender que nadie te hizo nada, que nadie es culpable de nada y que la decisión de crecer o perecer sólo te pertenece a ti.

El efecto Rielo es saber que, como decía Eckhart Tolle, con aceptación, disfrute y entusiasmo podrás iniciar el camino a la iluminación, a ese lugar con mucha luz donde todo se ve mucho mejor y más bonito. También es saber que la herramienta del perdón te ayuda a volar muy alto, más alto incluso de lo que vuela tu imaginación, y que es el único camino a la plenitud, a la paz interior que es la felicidad plena.

El efecto Rielo es creer y confiar, es saber que existe algo o alguien que te cuida, que te protege, que te ha creado y que nunca te abandona. El efecto Rielo es valentía para aplacar los miedos, que se ven venir pero no se tienen, pues se les deja ir agradeciendo lo que nos muestran.

El efecto Rielo es entender que la vida no pasa desde ti, sino a través de ti, y que no eres lo que piensas, sino lo que haces, lo que sientes y cómo decides vivirlo. Efecto Rielo es la magia que me ayudó a sobrevivir en los peores momentos de mi vida y a encontrar las fuerzas no sólo para salir a flote, sino también para ayudar a otras personas a sacar sus barcos de las tormentas y navegar sin temor, como decían mis maravillosos Gaby, Fofó, Miliki y Fofito en la canción *El barquito de cáscara de nuez*:

Navegar sin temor
en el mar es lo mejor,

no hay razón de ponerse a temblar.
Y si viene negra tempestad
reír y remar y cantar.

El efecto Rielo es reír, remar y cantar; es ponerle buena cara al mal tiempo; es darle la vuelta a la tortilla; es sentir la vida como un regalo y no como un castigo.

El efecto Rielo son los cientos de miles de personas, almas bonitas, gentes bellas, que me han acompañado en todos estos años de camino y las que lo siguen haciendo, pues sin ellas, sin vosotras, no existiría esta parte tan valiosa de mi existir. Por eso el efecto Rielo también eres tú, que estás leyendo este libro, que has decidido llegar hasta aquí, y ahora te toca decidir qué hacer con todo esto. Sigo sentado a tu lado, en tu lugar de paz, y aquí estaré siempre que me busques, pues el único amor que es para siempre es el amor incondicional, y así decido amarte, así decido amar. En resumidas cuentas, si me preguntas qué es el efecto Rielo, sólo hay una palabra que lo resume por completo:

AMOR

El amor que somos, el amor que eres, el amor que das y el que recibes de otros amores que merodean por tu vida. El amor es mucho más que una emoción; es un estado elevado de consciencia al que todo el mundo puede acceder si lo desea, pues en esencia es lo que eres, un estado en el que se vive en paz, con serenidad, con alegría y en la más absoluta felicidad. Ese amor va de la mano del humor, puesto que lo arropa, lo favorece, lo cataliza y lo pinta de luz y alegría.

5

DINÁMICA PARA CONOCERSE Y CAERSE BIEN

Entonces, ¿cuál es tu efecto? Sí, ese efecto efectivo que, efectivamente, afecta e infecta al intercepto cuando te tiene delante. Aquí realmente la protagonista eres tú, alma bella.

Si has hecho un viajecito por tu camino interior, quizá te sea más fácil responder en una libreta a las preguntas de este sencillo cuestionario:

- ¿Cuál crees que es tu mayor cualidad?
- ¿Cuál es la cualidad que más resaltan de ti los demás?
- ¿Qué cualidad querrías incorporar a tu personalidad?
- ¿Qué es lo que más admiras en otras personas?
- ¿Qué crees que estaría bien mejorar de tu personalidad o, por el contrario, eliminar?
- ¿Cómo te gustaría que se te recordase?
- ¿Qué legado te gustaría dejar?

Ya sabes que una cosa es cómo nos vemos nosotros y otra cómo creemos que nos ve el resto; por eso es importante definir y encontrar tu efecto. A todo el mundo le gusta el reconocimiento, brillar y ser aceptado, pero eso no se consigue mendigando, apagando la luz de los demás o dejando de ser tú. Como dijo Antonio Banderas en una maravillosa entrevista, «hay un momento en la vida en el que tenemos que renunciar a ser queridos por todo el mundo. Hay que aceptar que hay gente que no está de acuerdo contigo, y eso está muy bien, y que digan cosas que a lo mejor no son verdad, y eso sí que produce temor: que alguien genere un bulo contra ti y no puedas defenderte».

En estas palabras hay dos conceptos muy interesantes. Primero, que lo que digan sobre ti nunca será tu verdad. La segunda reflexión que podemos extraer del texto de mi querido Antonio es que no necesitamos que nos quiera todo el mundo, y te lo dice alguien que luchaba con uñas y dientes para conseguirlo y caía en la más profunda tristeza cuando se sentía rechazado. Te querrán las personas que te vean más allá de lo que haces y lo harán por lo que eres y por lo que representas e inspiras en su vida. Ése será tu efecto, lo que dejas en la vida de los demás, la huella que queda a tu paso por el mundo y que impacta en tu entorno vital.

Este libro siempre ha querido ser una herramienta para ayudar en esa búsqueda, en esa construcción para desmontar al personaje que fuiste y quedarte en el amor que eres y ser un ejemplo desde esa posición, pues no aprendemos de los consejos, sino de los ejemplos. Tu efecto será un regalo para ti y te pondrá en el lugar de reconocimiento y autoestima que sana y reconforta, pero, además, aportará alegría, seguridad, luz, amor y serenidad a todas las personas con las que te relaciones. Ésa es la verdadera misión de cada ser en este mundo. Como dirían los jóvenes de hoy en día, encontrar tu *flow*, ponerte en el *mood* y en plan menos *random*, que te rente la vida.

Tómate tu tiempo y define cuál es tu efecto o cuál quieres que sea. Escríbelo, diséñalo, dibújalo... Tengo una buena noticia: te puedes copiar a tope de quien quieras, pues en la evolución de la especie copiar es lícito, ya que reproduciendo lo bueno lo hacemos mejor.

Puedes empezar ahora mismo con este juego que te propongo. Describe a continuación cómo sería la persona de la que te enamorarías totalmente: qué valores, qué rasgos de personalidad y qué cualidades harían que te enamorases totalmente de una persona.

Mi persona ideal sería...

Ahora piensa en si esos mismos rasgos y cualidades están presentes en tu personalidad. ¿Sí? ¿No? Marca los que sí y escribe a continuación los que no lo estén:

Con este ejercicio podrás ver hacia dónde se dirigirá tu aprendizaje para convertirte en la persona que realmente viniste a ser.

Ahora define a continuación cómo te ves tú, cómo es tu personalidad, cuál es tu efecto:

Seguidamente pregúntale a tu pareja, tu mejor amiga o tu persona más cercana cómo te ve. Si tus sensaciones y su forma de verte coinciden, vas por el buen camino

Por último, describe cómo te gustaría ser y cuál sería tu efecto ideal:

Con este sencillo juego hemos creado un espacio para la observación, para aprender sobre nosotros y llegar al paso más grande que un ser humano puede dar para crecer desde el humor y el amor: conocerse a sí mismo. Ahora puedes empezar este viaje por el humor de una forma más consciente, ¿a que sí?

SEGUNDA PARTE

¿ERES EL HUMOR DE TU VIDA?

6

SOMOS UNO

A decir verdad, muchas personas han hablado sobre el humor y la risa, puesto que se trata de algo esencial en la vida humana. De hecho, hay un dato muy curioso que quiero compartir contigo, y es que me suelo adelantar en el tiempo. Quizá me dejó huella la película *Regreso al futuro*, o al menos algo de visionario hay en mi personalidad, pues cuando empecé a hablar y escribir sobre felicidad, allá por el año 2008, no era un tema muy recurrente. Por supuesto que había más libros y expertos hablando de esto, pero de algún modo se abrió un camino para que muchos autores, incluso amigos míos, se inspiraran en ello para sus nuevos trabajos.

De pronto vi cómo se inauguraba una Cátedra de Felicidad en la mismísima Universidad de Harvard, como se copiaba hasta el concepto de feliciólogo en las redes sociales y como compañeros o incluso desconocidos repetían algunas de mis frases, usándolas sin mencionar la fuente de la que habían recibido el término. Al principio mi ego se rebeló y se sintió molesto, pero aprendí a sanar esa herida aceptando que nada nos pertenece y que todos somos uno. Creer que algo es mío por haberlo canalizado me coloca en un lugar incómodo, además de ser una manifestación egoica muy fuerte. Lo mío y lo tuyo, ese gran concepto. Entiendo la canalización como esa información, esa creatividad que surge sin saber muy bien desde dónde y que querremos proteger y custodiar cuando creemos que nos pertenece.

Ya me ocurrió en el mundo de la comedia cuando un compañero, que copió uno de mis gags, comenzó a meterlo en su *show*. Se lo dije y me lo reconoció. En un acto de generosidad le dije que lo usara sólo en Cataluña, que es donde él reside, pero al final lo utilizó hasta para grabarlo en *El club de la comedia*. ¿Qué puede uno hacer con esto? Aceptarlo o enfadarse, y yo decidí hacer lo primero. Si hubiera sido algo más artístico, habría hecho como Sting, miembro del grupo The Police, que denunció al rapero Two Pack por plagio de su canción *Every Breath You Take* en el tema *I'll Be Missing You*. Sting ganó el pleito y recibe 5.000 dólares cada mes por parte de Two Pack. En mi caso me lo comí con patatas.

Recuerdo que años atrás presentamos un formato de programa de televisión de monólogos cómicos a una cadena andaluza y nos lo plagiaron totalmente cambiándole el nombre. De estas cosas o te ríes o te amargas, y yo, evidentemente, me río y lo asumo, y más ahora que está pasando de nuevo.

Hace un año empecé a sentir que algo no funcionaba en mi compartir y decidí pedir ayuda a uno de mis amigos más cañeros y asertivos en la mentorización de marcas personales y empresas, Rubén Turienzo. Me preguntó si estaba preparado para recibir el *feedback* como fuego amigo, pues en estos casos no sirven los paños calientes o las medias tintas. Me entregué al desafío y la bofetada fue poderosa:

—¿Tú cómo te llamas? —me dijo.

—Ángel Rielo —le contesté.

—¿Cuál es tu valor más poderoso? Ahí lo llevas en el nombre.

—Pues la risa.

—¿Y qué haces despistado hablando desde otros lugares? Ése es tu valor y ahí nadie puede hacerte sombra.

La conversación fue mucho más larga y hubo más zarandeos, pero ése fue el más poderoso, y desde ese instante cambié el enfoque de mi compartir, creé un nuevo personaje desde el humor para reírme de todo lo que me había pasado (el Cabronólogo) y asumí el humor como mi bandera, mi territorio y mi diferencia.

Empecé a compartir el concepto del efecto Rielo y a hablar sobre la comicidad y el sentido del humor, y de ese reconocimiento interno y externo nacen este libro y este camino. Es un sendero que está sirviendo para que otros continúen adelante y se inspiren como yo me inspiré en su momento y lo sigo haciendo. La verdad es que es un regalo de la vida que haya cada día más personas intentando mejorar la existencia de otras tantas por medio del humor, el amor, la gestión emocional y la espiritualidad. Todos somos uno y todo está ahí para ser mostrado y compartido.

Siempre me ha gustado dar valor y respetar a las personas que me inspiran y de las cuales aprendo, pero a veces nos confundimos y el ego nos hace creer que algo nos pertenece porque fue creado desde nuestro conocimiento. Lo cierto es que es muy fácil identificarse con lo que consideramos «nuestro» y podemos sentir recelo si alguien nos copia, cuando en realidad todo está ahí para ser mostrado. En el mundo del humor profesional, y sobre todo en los monólogos cómicos, siempre ha existido ese recelo por la propiedad de las líneas de comedia y se nos olvida que la misma idea, el mismo concepto, puede fluir por varios caminos y un mismo chiste les puede llegar a varias mentes cómicas como inspiración. Luego están las mentes mediocres que copian porque no les da para más.

En la vida te vas a encontrar en ocasiones con la mediocridad, que es una energía que se refrenda en algunas personas que no creen tener mucho talento, y el poco que sustentan lo ponen al servicio de la destrucción, la crítica, el plagio, etcétera. Son seres que crean desconcierto, mucho dolor y conflictos, pero si fueran un poco más allá verían su verdadero talento y, además, podrían aceptar que cada ser tiene sus capacidades, su don o, como dice Tony Estruch, su *geniotipo*. Te recomiendo su libro y todo lo que comparte, pues revela la importancia de descubrir nuestro talento innato para sentir el valor de ser quienes somos.

Mi querido Curro Ortiz, creador de OM Training, un entrenamiento consciente, me inspiró con algo que compartió: «Cuando creé OM Training entendí que no me pertenecía y que tenía vida propia». Me identifico por completo con lo que siento con respecto a la feliciología: es algo que está destinado a existir y da igual que lo lleve a cabo yo u otras personas; la cuestión es que suceda y ayude a crear bienestar.

Tú puedes ser parte de la misión. Únete a quien te inspire y, si quieres hacerlo en nuestra comunidad, tienes el canal de Telegram «Efecto Rielo», el ágora virtual del humor, el amor y la felicidad.

7

EL SENTIDO DEL HUMOR

En este capítulo vamos a hacer un análisis sobre el sentido del humor desde el punto de vista neurocientífico, emocional, social y filosófico. ¿Te apetece?

¿Qué es el sentido del humor? ¿Y tú me lo preguntas? El sentido del humor eres tú. Bueno, después de este pequeño guiño a las rimas de Gustavo Adolfo Bécquer, vamos a entrar en materia. Esta denominación de «sentido» para el humor es maravillosa. *Sentido* viene de *sentir*, y para sentir hemos de reconocer nuestra parte emocional, que es el lugar donde empieza todo.

Hay una definición muy potente que dice así: «La felicidad no es lo que tienes, es lo que eres. Por eso somos seres humanos, si no, seríamos *teneres* humanos». ¿Qué te ha parecido? Tampoco somos *haceres* humanos, y por eso conviene descubrir la diferencia entre ser y hacer. Ser para hacer y luego tener es siempre mejor que hacer para tener y así poder ser, ¿no?

¿No te has enterado? Venga, que te lo explico otra vez. La fórmula habitual del sistema capitalista arcaico es hacer para tener y luego ser (hacer trabajos, hacer dinero, hacer carreras para tenerlas y con eso ya serías trabajador, adinerado o licenciado). Lo que yo te propongo es distinto: ser para hacer y, de este modo, tener. Ser una persona calmada, plena y feliz que hace el bien y trabaja en sí misma y, por consiguiente, tener una vida repleta de éxitos y felicidad.

No obstante, la pregunta sería: ¿qué eres? Eso es algo que has de descubrir a base de desmontar todas tus creencias, de desaprender todas las mentirijillas que te contaron y te creíste. En esencia eres amor, y eso es un regalo. (Para saber más sobre el amor te recomiendo que leas *El pequeño libro del amor*, publicado en 2019 y en el que está todo muy bien explicado.)

Los humanos somos un generador de emociones, pero a veces también somos un contenedor de emociones. Ahí está la clave: no contengas, no almacenes, deja que todo fluya, que todo se mueva, y haz espacio para lo que tiene que venir. Nos enseñaron a rechazar algunas emociones y a querer quedarnos con otras y ahí está el lío. Todo es pasajero, y sólo aceptándolo se puede vivir con plenitud.

Las preguntas serían: ¿quieres vivir con plenitud? ¿Te interesa conocer los secretos de la mente humana para alcanzar ese estado? Si has contestado que sí, puedes continuar leyendo este libro. De lo contrario, envuélvelo de nuevo y regálalo en el próximo cumpleaños a alguien que te caiga mal.

Vamos a entrar en materia. El sentido del humor, tal como lo define el psicólogo Jesús Garanto en su libro *Psicología del humor*, es «un estado de ***ánimo*** más o menos persistente que capacita al individuo para que, tomando la distancia conveniente, pueda relativizar críticamente toda clase de experiencias afectivas que se polaricen, ya sea hacia situaciones eufóricas o bien depresivas». Madre mía, qué regalo más grande, ¿no? Es decir, que para empezar vamos a desmontar la creencia de que el sentido del humor, la comicidad y la risa son meros entretenimientos.

¿Es posible que existan intereses ocultos para distraer a la humanidad y que no vea lo que está sucediendo en realidad? Pues claro. Desde que el *Homo sapiens* dejó de ser cazador, recolector y nómada y decidió asentarse y crear la propiedad privada se nos fue de las manos la felicidad. Como parte de nuestro «desarrollo social» creamos la propiedad privada, el patriarcado y las clases sociales —es decir, el caos— y, además, empezaron a surgir las enfermedades fruto del modelo social, creamos asentamientos con animales cerca, residuos humanos cerca...; en fin, para qué te voy a contar. Luego inventamos medicinas que servían para curar muchas de las enfermedades que nosotros mismos habíamos generado.

Creo que por aquel entonces ya había sentido del humor, pues es de recibo pensar que antes del lenguaje propiamente dicho nos comunicábamos con gestos, miradas, sonidos y, cómo no, con sonrisas. En la película *En busca del fuego* de Jean-Jacques Annaud, estrenada en 1981, hay una escena espectacular que lo explica de maravilla. Se cuenta cómo el humor conecta a los humanos incluso antes de haberse creado el lenguaje.

La cuestión es que, como hice con la felicidad y el amor en mis libros anteriores, lo que haré tratará de deconstruir los conceptos y buscarle el verdadero sentido a la felicidad, al amor y al humor, que, en resumen, serían éstos:

- **La felicidad no es lo que nos contaron de hacer para tener y luego ser**. El proceso es a la inversa: ser, hacer y luego tener. Felicidad es aceptar y amar todo tal cual viene.
- **El amor no es exclusivamente una cosa de pareja, romántico ni doloroso**; el amor es un

estado de conciencia, es la esencia de lo que somos y empieza siempre en ti. Somos el amor que entregamos, no el que esperamos recibir.

- **El humor no es para entretenerse ni para divertirse, aunque entretenga y divierta**. El humor es sanación pura y, como sigue diciendo Garanto, «el humor también ayuda a reducir el estrés, a estabilizar el estado de ánimo; favorece la comunicación; inspira la creatividad; ayuda a mantener la esperanza... El sentido del humor tiene una función reparadora. Alivia la tensión emocional, descarga la inseguridad, el miedo y la ansiedad que reprimimos en el inconsciente».

Espera un momento: ¿me estás diciendo que aquí este que suscribe, o que *sus* escribe, que poco después de querer ser payaso también soñó con ser médico como su abuelo, Adolfo Fernández Gómez, puede que al final se convirtiera en ambas cosas a la vez? ¿Has leído bien todos los beneficios para la salud que tiene reírse?

Y entonces ¿qué haces con esa cara de truño? Este término es parte de la historia de mi vida, pues empecé a usarlo en los *shows* y en los talleres a bordo de los cruceros para mostrar que a veces dejamos de reír y, en consecuencia, dejamos de vivir. Tal fue el éxito del concepto que incluso rodamos un cortometraje con el mismo nombre que puedes encontrar en YouTube. A veces no nos damos cuenta de esta actitud dañina. He de reconocer que tengo un pasado como caratruño y por eso sé de lo que hablo. A veces andamos enfurruñados por ignorancia y porque pensamos que la risa no es una cosa seria, pero, mira por dónde, el sentido del humor nos permite tratar con ingenio y relativizar situaciones de máximo enfado y lidiar con nuestros fracasos con ironía. También te invito a ver o escuchar el capítulo del pódcast «Don Diablo» que versa sobre el caratruñismo. Lo encontrarás en la web y en YouTube.

La comicidad no es simplemente la risa, la comedia o el humor. La comicidad es una herramienta que habita en el cerebro, concretamente entre el hemisferio derecho y el izquierdo. El primero se vincula con la creatividad, la intuición, la imaginación, la música, la meditación y la curación. Es el lugar desde donde se perciben las cosas como un todo en vez de advertirse únicamente las partes. Las funciones del hemisferio izquierdo, en cambio, se asocian con la matemática, la lógica, lo analítico; la razón, en definitiva. Bueno, pues se ha descubierto que la comicidad se encuentra en esa parte y se denomina «zona de detección de errores». Está ahí, en el cuerpo calloso del cerebro, y su función es esencial: relativizar y proporcionarnos una visión más amable de las cosas que nos suceden. Y tú pensando que equivocarse era lo peor... Pues ya ves que no es así, sino que es el camino al aprendizaje y la evolución.

Por medio de técnicas de neuroimagen se ha localizado e incluso fotografiado esta área, ubicada casi en el centro del cerebro, justo encima del cuerpo calloso que conecta los hemisferios izquierdo y derecho. La «zona de detección de errores» es la encargada de encajar lo lógico y lo ilógico de la situación o el chiste que nos cuentan, e incluso de cualquier hecho que ocurra, y detectar posibles incongruencias que representen un final diferente, en definitiva, para relativizar y seguir adelante.

¿Qué? ¿Cómo te has quedado? Alucinante, ¿verdad? Se podría decir que el sentido del humor tiene más sentido del que creíamos hasta ahora, y ése es el pilar fundamental de esta investigación.

El humor es saludable. Según algunos estudios,[4] incluso el humor negro puede llegar a ser sano, ya que actúa como si fuera un purgante. Reírnos de nuestras propias circunstancias nos ayuda a liberarnos.

La cuestión no es el humor, sino la forma en que lo utilizas, lo vives y lo sientes. El equilibrio es básico, como en todo en esta vida; los budistas lo llaman «el camino de en medio» y es una de las claves para vivir con plenitud. Necesitas equilibrio para permitirte vivir todas las emociones sin reparos (por ejemplo, puedes ser feliz y transitar la tristeza). También necesitas equilibrio para gestionar la energía femenina y masculina y saber cuándo impregnarte de una o de la otra, así como para discernir el humor de la seriedad y saber que son compatibles y que hay un momento para cada cosa y que cada cosa tiene su momento.

Los extremos siempre suelen ser dolorosos. Por ejemplo, el feminismo no debería ser odiar al hombre, sino amar a las mujeres y buscar la igualdad; por consiguiente, no se entiende que el término *machismo* sea negativo y, sin embargo, el feminismo sea un movimiento reconocido y viable. Seamos seres con humanidad y dejemos ya de una vez por todas de separarnos y dividirnos, ya que en esa acción, si alguien gana, nunca serás tú. Se nos divide todo el tiempo: por género, por raza, por religión, por clase social, por pre-

4. Benavent, E., «El sentido del humor, una necesidad vital también para la gente mayor», *Revista de educación social*, 11 (1) (2018).

ferencias políticas, por preferencias deportivas, por preferencias culinarias... Madre mía, el caso es dividirnos, ¿no? Pues el humor nos puede unir, ya que a la hora de reír no hay clase social que valga; sólo el deseo de sentir cómo la risa te calma y te arregla los rotitos del alma. Así que toca usar el sentido del humor para darle sentido a la vida, y por eso tiene sentido que este libro en tus manos haya caído.

Dime, ¿cómo te sientes? ¿Te apetece seguir leyendo? Pues prepárate, que empieza el viaje. ¡Vamos con la historia del humor!

8

LA HISTORIA DEL HUMOR

El humor no siempre ha estado bien visto. Por ejemplo, en la antigua Grecia esta cualidad no estaba entre las más valoradas, aunque luego, a medida que fue pasando el tiempo, esta visión, por fortuna, fue cambiando.

En una entrada de la web <efisioterapia.net> podemos leer un artículo maravilloso titulado «La importancia del humor en la salud», que explica cosas como éstas:

> El humor es un conjunto de fenómenos complejos que forma parte esencial de la naturaleza humana. A través de los tiempos, los antropólogos nunca han encontrado una cultura o una sociedad que estuviera completamente desprovista de humor. Diferentes corrientes filosóficas conocen desde hace siglos la importancia de la risa y el sentido del humor.
>
> Hace más de 4.000 años había en el antiguo Imperio chino templos donde las personas se reunían para reírse con la finalidad de equilibrar la salud. En la India existen templos sagrados donde se practica la risa. En otras culturas antiguas existía la figura del «payaso sagrado», o «doctor payaso», un hechicero vestido y maquillado que ejecutaba el poder terapéutico de la risa para curar a los guerreros enfermos.
>
> La Biblia, en el Antiguo Testamento, dice «cuando el corazón está alegre, la vida es más larga..., pues un corazón

lleno de alegría cura como una medicina. Por contra, un espíritu triste seca los huesos». [¿Qué te parece? Si te entristeces, se te secan los huesos.]

En el siglo XV, el filósofo Luis Vives señalaba la buena incidencia de la risa en la salud.

En la Edad Media el cirujano H. de Mondeville mencionaba que la alegría era indispensable para recuperar a los pacientes cuya vida debía dirigirse a conseguir la felicidad.

[...]

Sigmund Freud atribuyó a las carcajadas el poder de liberar al organismo de energía negativa.

En la primera mitad del siglo XX, James Sully publicó un libro sobre la risa ensalzando los beneficios fisiológicos de ésta.

En 1928, el médico estadounidense James J. Walsh sugiere que el efecto saludable de la risa derivaría primariamente de un efecto mecánico y estimulante sobre los órganos internos del cuerpo, aunque también concede importancia a factores psicológicos y de actitud.

Sigmund Freud entendía que las carcajadas, la risa y el humor tenían el poder de liberar la energía negativa de nuestra mente. Darwin apuntaba que la risa podría ser la expresión primaria de un estado de felicidad y alegría, y para Carl Jung el humor facilita la cooperación; es decir, que una sonrisa muestra que hemos podido empatizar y simpatizar con la otra persona y que estamos listos para colaborar. Ya sabes, la unión hace la fuerza.

El famoso neurocientífico Ramachandran explica que en el humor existe una tesis llamada «teoría de la falsa alarma» que nos avisa de que lo que ha pasado, lo que se ha experimentado, no tiene consecuencias serias, lo cual nos lleva a pensar que el humor es una fuente de tranquilidad. Recuerda lo que acabamos de explicar sobre la zona de detección de errores; es muy importante que conozcas la trascendencia que tiene la comicidad en tu felicidad. Problema reído, problema soltado.

Tal como se comenta también en el artículo anteriormente mencionado, ya en tiempos más actuales tuvo mucha relevancia la figura de Patch Adams, un médico y activista pionero en la aplicación de la risoterapia con fines terapéuticos, que obtuvo resultados muy beneficiosos, lo cual desencadenó que comenzase a emplearse esta técnica en hospitales de todo el mundo.

En España la Fundación Theodora se encarga de poner en práctica esta labor desde el año 2000, con el fin de mitigar el sufrimiento de los niños hospitalizados. Esta fundación forma a los llamados «Doctores Sonrisa», que ayudan a los niños, a los familiares y también al personal médico a sobrellevar los tratamientos.

Tampoco puedo olvidarme de Payasos Sin Fronteras, con el maravilloso Tortell Poltrona al frente, que visitan aquellos lugares donde la risa puede ser un bálsamo en momentos muy difíciles.

En 1995, el doctor Madan Kataria creó en Bombay el yoga de la risa, una práctica de meditación sin fines lucrativos que incluye ejercicios de respiración y risa. En la actualidad hay miles de clubes alrededor de cien países.

Como ves, a lo largo de la historia el humor, la risa y la comicidad han jugado siempre un papel muy importante. Con este repaso queda claro que el humor no es algo novedoso, sino que es un recurso conocido y utilizado a lo largo de la historia. Entonces, ¿en qué momento nos mintieron para vilipendiar el humor y colocarle la etiqueta de banal y zafio? Pues mira, cuando comenzó la manipulación de la humanidad mediante los poderes ocultos, con el pretexto de protegernos o con la excusa de que Dios nos castigaría. ¿Tú sabes la cantidad de tonterías que se inventaron para controlar y asumir el poder? A la Iglesia vetusta no le parecía bien la risa; no hay más que ver cómo se construían las iglesias y de qué color se visten los sacerdotes, y eso que ya has visto lo que se decía sobre el humor en el Antiguo Testamento. A los gobiernos, a los políticos, a los jefes, a los que mandan… les chirría el humor, pues parece un síntoma de debilidad y también de rebelión —el que ríe no teme—, así que nos cortaron la frecuencia y se acabó reírse, a no ser que sea en sitios específicos para ello.

Hay que tener en cuenta que el sentido del humor no es simplemente reírse o provocar la risa, sino algo mucho más profundo y maravilloso que nos abre las puertas de la felicidad y de la libertad, física y emocionalmente, como veremos más adelante. Muchos cómicos han perdido el norte pensando que su única misión era hacer reír y se han tirado al fango para conseguir unas risas a cualquier precio.

Atentos a esta frase del gran actor de comedia George Burns, al que quizá recuerdes por la película *The Sunshine Boys*, traducida sin pudor en nuestro país con el título de *La pareja chiflada*, que protagonizó junto con Walter Matthau: «Si alguien te hace reír, es un cómico. Si, además de reír, te hace pensar, es un humorista». Recuerdo mi infancia y ver a los payasos pasar de una emoción a otra con una elegancia sublime: podías reír con sus bromas y a continuación estremecerte con sus toques de emotividad.

Para saber cómo entiendes el humor habría que revisar cuáles son tus referentes. En mi caso empecé con Gaby, Fofó, Miliki, Fofito, Tony Leblanc, Andrés Pajares, Gila, Tip y Coll, Martes y Trece, Faemino y Cansado, Cruz y Raya, Los Morancos, el Dúo Sacapuntas, Chiquito de la Calzada, Pepe Viyuela, Ángel Garó, Emilio Aragón y mi padrino Paco Gandía, con el que tengo una anécdota increíble en mi primera actuación con público.

Era la feria de un pueblo llamado Churriana y me contrataron para actuar con un personaje que tenía creado, un hombre saharaui entrañable llamado Hamido que se dedicaba a pequeñas reparaciones del hogar, pero que cada vez que llegaba a una casa acababa escuchando los problemas de las familias y al final era más un *coach* que un *ñapas*.[5] El personaje tenía mucho éxito en la radio, pues mi amigo Daniel Moreno, que en paz descanse, me abrió las puertas de su programa de radio «Zona Libre», y por aquel entonces mucha gente creía que Hamido era un personaje real; por eso me dieron la oportunidad de subirme al escenario. Vinieron a verme todos mis amigos, que estaban en primera fila. No sabían quiénes eran las quinientas personas restantes, que estaban comiendo y charlando, y ahí que me lancé sin red. Tenía tanto miedo que me lo llevé al escenario y se notó: los únicos que reían eran mis amigos. Tras 45 interminables minutos me bajé del escenario llorando como una magdalena. Mis amigos me consolaban y el inmenso Paco Gandía me dijo: «Tranquilo, hijo, eso sólo pasa las 1.200 pri-

5. Ñapa (coloquial, de uso exclusivo en España): pequeña reparación, reforma, trabajo de albañilería o similar, especialmente si no requiere mucho esmero o perfeccionismo.

meras veces; luego ya te vas acostumbrando». No tuve más remedio que reírme, y así empezó mi carrera como humorista, allá por el año 1999.

Con el paso del tiempo algunos de estos referentes acabaron siendo compañeros de trabajo y pude compartir con ellos ratos increíbles. Entrevisté a Miliki y trabajé con Emilio Aragón, con Los Morancos, con José Mota y muchas veces con Manolo Sarriá del Dúo Sacapuntas, con quien mantengo una bonita amistad. Ellos me apadrinaron en televisión, me cuidaron, y hoy en día, además de referentes, son mis amigos.

Ya ves que la historia del humor nos trae una información muy potente y vinculante para entender el lugar que éste ocupa en nuestra sociedad. El humor es algo tan gratuito, tan sencillo, tan accesible para todo el mundo que acabó siendo patrimonio de las clases sociales más humildes y sencillas. Los nobles, los aristócratas y las personas con poder y posición se podían permitir otros placeres y solían usar la risa para su beneficio riéndose no con los demás, sino de los demás. ¿Y por qué el pueblo llano reía sin medida? Pues porque eso era lo que tenían; nadie les podía quitar las ganas de reír, incluso de reírse de sus propias miserias y circunstancias y, sobre todo, de las clases altas y remilgadas.

Seguro que recuerdas alguna película en la que aparecen los bufones o arlequines que se encargaban de entretener al rey y a su corte. Podían ser hombres, mujeres o niños, pero entonces triunfaban especialmente si se trataba de un enano o alguien deforme (bueno, también en la actualidad se encuentra diversión en mofarse de las desgracias ajenas, ya que al observar la desgracia del otro nuestra vida puede parecer más liviana).

El primer payaso del que se tiene constancia es Yusze, que trabajaba como bufón del emperador chino en el año 2000 a. C. En esa misma época existían en Oriente otros personajes que tenían el cometido de divertir al pueblo, como los *lubyet*, que parodiaban a la realeza, o los *p'rang*, que lucían turbantes enormes y excéntricas máscaras.

En las grandes civilizaciones clásicas también hubo cómicos. Homero escribió sobre Tersites, que entretenía a los guerreros griegos por las noches, mientras que Estúpido fue el payaso romano más ilustre. Ahora ya puedes entender la connotación del término y cómo llegó a convertirse en un insulto. Al igual que *payaso*, término que, por desgracia, mucha gente utiliza para intentar ofender a su adversario.

Por otra parte, hay un caso todavía más lejano, en el Antiguo Egipto, en el año 2500 a. C., que se menciona en algunas investigaciones. Las imágenes que dejaron los egipcios muestran a una persona que sufría una condición genética que le impedía el crecimiento normal y que era el bufón del faraón Dadkeri-Assi.

Así pues, el humor y la comedia no son tan banales como nos quieren hacer creer, sino que son y han sido esenciales en la vida de los humanos, y por eso hemos creado este libro, para empoderar un sentido sin el cual la vida carece de sentido: el humor. La verdad es que me pongo solemne y me gusto hasta yo mismo, lo cual, por otro lado, es algo maravilloso. Si te gustas, te ríes y te aceptas, da igual lo que el resto opine de ti, ¿no te parece?

Mientras escribo este capítulo he estado investigando y he descubierto que el mejor payaso del mundo era español. ¿Quieres conocer su historia? Sigue leyendo.

9

EL MEJOR PAYASO DEL MUNDO

Te voy a contar una historia que seguro que te llegará al alma. El mejor payaso del mundo era español y se llamaba Marcelino Orbés. Nació en Jaca y fue considerado el mejor payaso del mundo incluso por el mismísimo Charles Chaplin, con el que compartió escenario en el impresionante Hippodrome Theatre de Nueva York cuando Chaplin sólo tenía once años.

Esta revelación me llegó mientras escribía el libro y me impactó muchísimo, tanto por su trayectoria como por su fatídico final. ¿Cómo se puede pasar de ser el mejor payaso del mundo y ser millonario a quitarte la vida a los 54 años estando en la más absoluta de las ruinas? Pues tomando malas decisiones y dejando que la vanidad pueda más que el amor, o cegándose por la fama y el dinero, entre otras muchas cosas. Esta historia se cuenta con mucha amabilidad y certeza en el documental *Marcelino, el mejor payaso del mundo*, que protagoniza Pepe Viyuela.

De él he extraído algunas enseñanzas potentes sobre el humor y su capacidad de ser alegría y tristeza al mismo tiempo. ¿Puede el humor ser el disfraz perfecto para la tristeza? ¿Somos los payasos gente triste? Decía Chaplin que la risa del público es la lágrima del payaso y no andaba exento de razón, pues desde que era un crío la risa fue como una isla en el océano de la tristeza en el que veía navegar a mi familia.

La cuestión es que el humor sea cura y no disfraz, pues si tapamos la tristeza, no se sana. Es como barrer y meter la basura bajo la alfombra; al final siempre acaba apareciendo por algún lado. El propósito del humor en tu vida es, entre otros, ayudarte en la sanación de las heridas, y por eso algunos cómicos, payasos y humoristas han conseguido curar a muchas personas con su talento, aunque no han sido capaces de sanarse ellos.

En origen, el bufón, el payaso, tenía licencia para decir cualquier barbaridad porque no se lo tomaban en serio, y por esa vía muchas veces se colaban formas de protesta, de sanar la presión que desde siempre han aplicado los de arriba a los de abajo. Sí, lamentablemente, hay demasiados arribas y abajos. Hombres, mujeres. Ricos y pobres. Adultos y niños. Jefes y empleados. Blancos y negros. Espirituales y terrenales. ¡Qué manía con separarnos!

Por eso el humor es tan importante en nuestra vida, para equilibrar tanta desigualdad y poder reír al unísono. Sea cual sea tu origen, tu lengua o tu religión, un mismo evento cómico puede unirte a los demás, pues la risa es universal, no se traduce: ríen igual en Kazajistán que en Bollullos Par del Condado, y eso es una auténtica maravilla.

Todo puede
esperar menos
estar bien.

10

DIFERENTES EN EL HUMOR

¿Los hombres y las mujeres se ríen de lo mismo? ¿Se ríen de las mismas cosas en todos los lugares? La respuesta es que no. La risa nos llega a cada ser de forma independiente; por lo tanto, no hay que castigarse si algo de lo que se ríen otros no nos resulta gracioso. El resorte con el que se activa la risa en cada persona es muy sutil y, por consiguiente, también la carcajada y la diversión.

Hay un proceso cognitivo por el cual algo nos hace gracia, e incluso puede hacernos gracia y a continuación podemos reprimirlo, si hay alguna creencia limitante que lo castre. Según el género y cómo tengamos equilibrada la energía masculina o femenina las cosas nos parecerán más o menos graciosas, e incluso más o menos importantes, pues, como sabes, nos regimos por los patrones creados y adquiridos y las creencias aprendidas.

Lo primero que suele surgir es la sonrisa, y dicen que la brisa es al viento como la sonrisa a la risa, un preludio maravilloso. Hay personas sonrientes por naturaleza. Este que te escribe lo es: siempre sonrío y mantengo la sonrisa durante los directos, las entrevistas y las actuaciones. Incluso cuando me levanto suelo sonreír, aunque tenga la carita descuadrada. Sonreír es ponerse el uniforme y decirle al mundo y a tu ser: «Todo está bien por mi parte».

Llevo casi treinta años trabajando en el terreno del humor y toda la vida integrándolo y he descubierto cosas maravillosas, como que no todas las bromas hacen reír a todo el mundo y que lo más importante es desde dónde se hacen. Sí que es verdad que el humor se entrena, para hacerlo, recibirlo y luego compartirlo. Se pone mucho empeño en hacer el amor y no sé si tanto en hacer el humor, con lo sano y divertido que es. Si hiciéramos las dos cosas a la vez, estaríamos tocando el cielo, ¿no te parece? Me refiero a poder compartir con alguien esas dos magias de la vida: el humor y el amor.

Creo que el primer ejercicio que se debe hacer es reírse de uno mismo. De tu personaje, de tu ego; es una maravilla reírte de ti mismo, porque si consigues hacerlo anularás el sentido del ridículo y, además, te resbalará que otras personas se rían de ti. Seguro que has visto a cómicos y cómicas hacer comedia con su vida, su peso, su género o su aspecto físico, y eso es una puerta a la liberación, de modo que ríete de tus cosas y eleva tu vibración al hacerlo.

No te castigues porque algo no te haga reír; preocúpate si nada te hace reír. Normalmente lo que hace reír a mucha gente suele ser zafio, simplón o incluso ordinario, así que tener el listón alto es buena señal. El humor también va cambiando con la evolución, con los tiempos; fluctúa y se configura, adaptándose. Lo políticamente correcto va cambiando, y eso también es buena señal.

Recuerdo la sensación de asombro cuando, en los primeros años de comedia en bares de copas, cambiábamos de ciudad cada día y veíamos como el humor se recibía de un modo diferente si estabas en Zamora o en Almería. Tuve que poner en práctica un entrenamiento poderoso para adaptarme a este concepto, y de ahí surgió la improvisación como hilo conductor, pues nunca sabes cómo es el público ni en qué estado se encuentra, y no sólo de embriaguez, sino también anímico y emocional.

Entrenar el humor es ver comedia, hacer un curso con profesionales, investigar qué impide que rías con frecuencia y naturalidad. Puede que en tu infancia te reprimieran la risa, o que lo hicieras tú mismo por miedo, por integrarte, por querer ser aceptado. A veces somos capaces de perder parte de nuestra integridad a cambio de la sensación de pertenecer y encajar. Pero eso es el pasado, y ya sabes que agua pasada no mueve molinos. Cada persona es única y, por lo tanto, su risa y su comicidad también lo son. Si tomas cartas en el asunto podrás usar tu comicidad para muchas cosas, tanto en las relaciones personales con familia y amigos como en el ámbito de la pareja, en el que se pueden salvar muchos obstáculos si se añade una dosis de buen humor.

La pregunta sería: ¿existe el mal humor? Que conste que me la acabo de hacer y la voy a responder en tiempo real. No existe, pues si es *malo* ya no es humor . Ya sabes que no soy muy amigo del juicio de lo bueno y lo malo, porque entonces lo opuesto al humor sería el enfado, el cabreo o la ira, ¿no? Es como cuando se emplea la expresión «estar de mala leche», pero, en cambio, no se usa «estar de buena leche»: «Me encanta esta persona, siempre está de buena leche». Luego está lo del «mal genio», que tampoco se entiende muy bien, pues no existe el «buen genio».

Yokoi Kenji, uno de los referentes a los que más admiro, pues usa mucho la herramienta de la comedia para aportar un contenido muy valioso, habla de la diferencia entre temperamento y carácter. Lo cuenta así:

Un día me dijeron: «Mira, aquel hombre de allí tiene un carácter fuerte». Lo observé y presencié la calma, la serenidad y la plenitud en su personalidad. Entonces pregunté: «Pero es un hombre muy tranquilo, ¿no?». Efectivamente, puede que la vida le traiga muchas adversidades, pero él tiene ese carácter fuerte que le proporciona la capacidad de manejarlas y transformarlas, y por eso decimos que su carácter es fuerte. En Japón, cuando alguien dice que tienes un carácter fuerte se refiere a la fortaleza de la amabilidad, de la calma, de la paciencia; a alguien que nunca se enfada y que domina su temperamento. En el mundo occidental cuando alguien tiene un carácter fuerte se lo ve enfadado e iracundo, pero en realidad ése es un carácter débil, alguien que no puede controlar su temperamento y que deja que éste gobierne su vida.

¿Tú en qué lugar te encuentras? ¿Tienes un carácter fuerte o débil? Si tu carácter es fuerte, enhorabuena, pues estarás muy cerca de una vida plena y repleta de amor. Si has contestado que tu carácter es débil, enhorabuena también, porque se abre para ti un camino de aprendizaje mediante el humor, que es el bálsamo para todos los desencuentros y una manera maravillosa de ayudarte en todo este camino.

11

COSAS QUE SE HAN DICHO SOBRE EL HUMOR

El proceso de escritura de un libro siempre es un tiempo de aprendizaje maravilloso. Aprendí sobre la felicidad y el amor con mis dos pequeños anteriores, y no sólo aprendí, sino que mediante el discernimiento fui capaz de darles un nuevo enfoque, incluso de ponerles algo de claridad a esas dos energías preciosas que sostienen nuestra vida y sin las que los humanos seríamos menos humanos y más artilugios. El tercer pilar fundamental —que, por cierto, une todo lo demás— es el humor, y por eso en este capítulo he querido recopilar algunas citas sobre la comedia y el sentido del humor que han pronunciado a lo largo de la historia artistas, escritores, directores de cine, cómicos...; en fin, gente de carisma muy elevado.

Me he permitido la licencia de añadir unos pequeños comentarios sobre las frases que espero que te gusten. Allá vamos:

> El humor es una herramienta que nos permite afrontar las adversidades de la vida con optimismo.
>
> CHARLIE CHAPLIN

Pues, en efecto, así es, y de eso se habla en el capítulo sobre la comicidad y su ubicación en el cerebro. Si ante una adversidad creemos que no hay nada que hacer excepto quejarnos, lo tenemos crudo, pero siempre nos quedará la risa para darle un giro a la situación y relativizarla. A Chaplin se le atribuye también una frase muy potente que decía: «La risa del público es la lágrima del payaso», y es que muchas veces la vida de los cómicos atraviesa lugares sombríos y vuestras risas son nuestra medicina.

Hay una anécdota espectacular que sucedió entre Chaplin y Albert Einstein. El famoso científico le dijo a Chaplin: «Lo más admirable de usted es su universalidad: no dice ni una sola palabra y todo el mundo lo entiende». El cómico respondió: «Su gloria es aún mayor: todo el mundo lo admira cuando nadie entiende ni una palabra de lo que dice».

> El humor es el antídoto más efectivo contra la tristeza.
>
> MARK TWAIN

¿Te ha pasado alguna vez que al descubrir un remedio para un problema concreto te has echado a reír? Es la respuesta impulsiva del sistema operativo humano. Saber generar la risa y provocar el sentido del humor es más efectivo que cualquier medicación o droga, ya sea legal o no: diluye la tristeza y hace emerger la felicidad, y la felicidad muchas veces se manifiesta con risas, sonrisas, carcajadas y simpatía.

Eso no quiere decir que una persona feliz no pueda transitar otras emociones, pues podemos ser felices y experimentar tristeza. Si este concepto te asombra o no lo entiendes bien, puedes recurrir a la lectura del maravilloso libro titulado *El pequeño libro de la felicidad*, en el que nos adentramos un poco más en este asunto tan peculiar.

> El humor es la expresión más elevada de la inteligencia humana.
>
> SALVADOR DALÍ

Y te lo dice este artista tan polémico como excepcional. La inteligencia sin humor no es inteligencia; se precisa del humor para equilibrar la balanza, pues, como todo en esta vida, en el equilibrio está la magia. Las personas verdaderamente inteligentes usan todos sus dones, y en ese equilibrio se encuentra la receta para ser brillante y no perder la cabeza.

Aunque de Dalí se cuentan muchas idas de olla, también hay un episodio relacionado con el humor que me encanta. Dicen que, en su primer viaje a Estados Unidos, cuando lo pararon en la aduana le preguntaron si tenía algo de valor para declarar y él, señalándose a sí mismo, dijo: «Todo lo que ves». Genio y figura hasta la sepultura.

> El humor es la forma en que los hombres muestran su capacidad de adaptación a lo inevitable.
>
> WILLIAM JAMES

Así es: aceptación sin excusas, pues hay cosas que son inevitables. Por lo tanto, tener esa capacidad de navegar con humor por la vida nos convierte prácticamente en invencibles.

Hay conceptos maravillosos que nuestro ego no concibe como, por ejemplo, que todo es perfecto o que lo que sucede nos conviene. Es esa idea ilusoria de que tenemos un control sobre las cosas y que deben ser como nosotros queramos que sean o de lo contrario aparece la frustración y, por ende, el sufrimiento. Con el humor aceptamos lo inevitable, que es lo que ya ha sucedido y, por eso, nos conviene, lo cual no quiere decir que sea conveniente o que nos lo merezcamos; simplemente es lo que ha sucedido y, una vez aceptado, se aprende y se sana. La frase «todo es perfecto» significa que algo se ha aceptado, incluso si aceptamos que no lo aceptamos (ja, ja, ja). Esto ya es un paso y los pasos son avances. Si no aceptas, te detienes, así que tú verás, Barrabás (ja, ja, ja).

> El humor es una válvula de escape que nos permite liberar tensiones y superar las dificultades.
>
> Bob Newhart

Bob es un comediante estadounidense conocido por su inexpresividad y su tartamudez. En la comedia encontró un remedio absoluto para relajarse, para soltar, para afrontar los acontecimientos y darles utilidad. Sin embargo, recuerda que el ego no soporta al humor, le cae fatal, pues conoce todas sus propiedades mágicas y lo va a intentar sabotear de pleno.

> El humor es la sorpresa más agradable que se puede dar a la mente.
>
> Oscar Wilde

Este maravilloso ser, que desgraciadamente acabó en la cárcel por ser homosexual, tenía un increíble sentido del humor; de ahí frases tan brillantes como «Mis deseos son órdenes para mí». Lo cierto es que una mente humorada es una mente saneada; si no reímos, morimos un poco, y la mente, que suele estar gobernada por el ego, quizá prefiera que mueras a que rías. Suena un poco raro, pero es así, y no me refiero a morir vitalmente, sino a la muerte de tu alegría.

> El humor es la distancia entre lo que es y lo que debería ser.
>
> BERNARD SHAW

Este dramaturgo y escritor, autor de obras como *Pigmalión* y *Camino del héroe*, aportó este concepto, que suena precioso y da para frase de taza, pero la verdad es que no sé si lo he entendido bien, porque todo es como debería ser, ¿no? Perdona que discrepe, Bernard, es que «lo que debería ser» me conecta con eso que dije antes sobre aceptar. Si tú crees que algo debería ser de un modo y sucede de otro, puede que te cabrees, así que propongo formular la frase de otra manera: «El humor es la distancia que salva y alegra lo que es de lo que tu ego piensa que debería ser». Espero tus comentarios, o mejor espera tú que yo trascienda y me los haces llegar, puesto que tú te marchaste en 1950 y, a no ser que hagamos una *ouija*, no veo de qué forma podemos conversar.

> El humor es la forma en que los seres humanos aceptan su mortalidad.
>
> WOODY ALLEN

Pues viniendo de Allen suena contundente, aunque me apetece darle una vuelta y me gusta que vuelva a aparecer la aceptación. Como sabes, la comicidad tiene mucho de aceptación y de relativizar los eventos que suceden en nuestro día a día. La verdad es que yo, como humano, acepto la mortalidad de mi cuerpo, pero me cuestiono la de mi alma, mi energía y mi esencia, y al tener fe en que puede ser que la vida no sea como nos la han contado, me siento mucho más pleno y feliz.

> El humor es producto de la combinación de inteligencia, creatividad y capacidad de observación.
>
> STEPHEN FRY

Este comediante y actor británico fue elegido uno de los cincuenta mejores cómicos de la historia; en Inglaterra, supongo, porque aquí no es tan conocido. No obstante, la frase es buena y me resulta muy interesante, pues la comedia abarca esos tres puntos, que son esenciales y muy útiles para todo en esta vida.

Debes poner la inteligencia al servicio del amor y de tu alma plena dando rienda suelta a la creatividad. Ésta es la manera más fructífera de utilizar la imaginación y ponerse a observar, que al final es la forma de resolver sin dramas, porque no estás dentro del problema, sino observándolo desde la consciencia que eres.

> La risa es el sol que ahuyenta el invierno del rostro del ser humano.
>
> VICTOR HUGO

Este maravilloso escritor francés, autor, entre otras obras, de *Los miserables* y *El hombre que ríe*, dijo esta frase, que me parece una preciosidad. ¿Tú también lo crees? Ese paralelismo entre sol, alegría, invierno y tristeza es digno de un escritor de su categoría. Si llevas mucho invierno en tu rostro, ríe y el sol vendrá a cambiarte de estación.

Seguro que hay muchas más frases, pero, si te fijas, verás que todo tiene un carácter muy poético y conectado con las emociones y el amor.

12

LA BONDAD DEL HUMOR

Durante la Segunda Guerra Mundial los alemanes decidieron bombardear Londres. Algún militar pensó que eso desestabilizaría a la población, y que, abrumados por las bombas y la falta de recursos, se pondrían unos en contra de los otros, pues pensaban que el humano es malo por naturaleza. Este pensamiento es muy común; ¿a ti qué te parece?

El filósofo Jean-Jacques Rousseau, conocido por su misoginia, también pasó a la historia por la frase «El hombre es bueno por naturaleza». Se entiende mejor si se explica que el ser humano es bueno por naturaleza y son las circunstancias vitales y su adaptación a ellas las que lo modifican. O, como diría Jeanette, «Yo soy rebelde porque el mundo me ha hecho así». Luego estaba Hobbes, con su famosa sentencia «El hombre es un lobo para el hombre», que defendía todo lo contrario. Al final todo es una cuestión de creencias, puntos de vista y realidades inventadas, y cuando se generaliza se genera un pensamiento errático, pues ni todos los hombres son iguales, ni todas las mujeres tampoco, ni los adolescentes son así o los niños son *asá*.

Al final lo que sucedió en ese bombardeo y en los posteriores fue todo lo contrario a lo que Alemania creía que iba a pasar: los ingleses se solidarizaron y se unieron mucho más, se cuidaron entre sí, e incluso se podía palpar el típico humor inglés en algunos *pubs*, donde anunciaban así la cerveza: «Pruebe nuestra pinta especial, ¡es la bomba!». Aquí vemos como el humor aparece en los peores momentos para calmarlo todo y ejerciendo de salvavidas emocional. Lo curioso del caso es que tiempo después, algún mando militar inglés propuso bombardear Berlín con el argumento de que con los alemanes sí que iba a funcionar y que se matarían entre sí…, y no te lo vas a creer, pero, aun habiendo fallado el propósito en Londres, se aceptó bombardear Berlín. ¿Y cuál fue el resultado? Exactamente el mismo: la población se unió más todavía y sobrevivió, cuidándose y sacando a relucir la valentía y el amor.

El mundo no se rige por buenos ni malos; sólo hay despiertos y dormidos. Juzgar, como ya sabes, no es garantía de ser justos. Un día entrevisté al padre Ángel, sacerdote y fundador de la ONG Mensajeros por la Paz, y le pregunté cómo se sentía cuando veía el dolor en el mundo. Me respondió lo siguiente: «No hay personas malas, sólo están enfermas, pues quien no mira desde los ojos del amor tiene una enfermedad llamada odio». En el camino de la iluminación también se habla del sentido del bien y del mal como algo que sólo existe en el juicio humano, pues todos los hechos son neutros hasta que nuestra mente los define y cataloga.

Puede que estos conceptos te parezcan lejanos o elitistas, pero vamos a desmontar este mito. Cuando hablamos de iluminación se trata de entender que en un lugar iluminado se ve todo mejor, ¿verdad? Pues ahí lo tienes: al estar iluminado lo ves todo con más claridad. ¿Y cómo se entienden los estados elevados o el hecho de estar elevado? Si nos situamos en la parte más alta de un edificio, árbol o montaña, ¿cómo se ven las cosas? Mucho mejor, ¿verdad? Pues eso: al estar elevados vemos mejor las cosas.

La bondad del humor es un regalo de vida, es como la amabilidad de los extraños que he mencionado en varias ocasiones. Si estás en un camino de vida en el que te trabajas y deseas aprender a vivir en paz, el humor es fundamental. Puedes empezar por trabajar el humor sano desde ti y para ti, regalándote una buena sonrisa en este preciso momento. Usa esta herramienta cada vez que lo recuerdes y verás los resultados.

13

EL HUMOR Y LA FILOSOFÍA

Me gusta mucho la filosofía. De hecho, en los tiempos en que me olvidé de ser payaso y me cuestionaba cuál sería mi carrera ideal pensaba en Filosofía y Letras y, de haber seguido el cauce de una vida lógica, ésa hubiera sido la elegida. Al final terminé estudiando Hostelería y siendo camarero, que también tiene su punto filosófico, ¿no? Las letras las fui pagando poco a poco.

Pero hablemos un poco de humor y filosofía. Existen tres teorías sobre el humor en la filosofía: la superioridad, la incongruencia y la liberación de la tensión. Según cuenta Juan Carlos Siurana, profesor de Ética y Filosofía de la Universidad de Valencia, estas tres teorías se sostienen gracias a tres personajes muy representativos: Aristóteles, Platón y Henri Bergson.

Según Aristóteles, el sentido del ridículo es un elemento primordial de la comedia. Como este filósofo griego promulgaba tanto la prudencia, podemos decir que desde su perspectiva el humor adecuado se halla en un punto medio y no es ni bueno ni malo; sólo debe adaptarse a las circunstancias en que nos encontremos.

Platón, por otro lado, habla de la superioridad. Según esta teoría nos hacen reír el fracaso y los defectos del otro, ya que nos sentimos en un lugar de superioridad en relación con nuestro objeto de burla. Esto es lo que viene siendo la base del *bullying* o acoso escolar. Lo sostenía Platón y muchas personas lo respaldamos en este asunto: no hay nada divertido, positivo o amable en complacerse con las desgracias ajenas. Si en un estado de carcajada grupal hay alguien que no ríe, la cosa deja de tener gracia, pues si no te ríes quizá es porque eres el objeto de las burlas de los «superiores».

La teoría de la incongruencia dice que el humor se sale de la norma y de lo esperado y, por lo tanto, nos causa risa aquello que nos sorprende. Decía el filósofo Immanuel Kant que cuando escuchamos un chiste generamos expectativas sobre éste que se disuelven cuando acaba la gracia. Esto a veces provoca frustración, pero a la larga el humor es siempre beneficioso porque nos alegra los órganos vitales. No es lo mismo darle un disgusto al hígado que darle a tu cuerpo alegría, Macarena, que tu cuerpo es para darle alegría y cosa buena, ¿verdad?

Por último, según Henri Bergson, la teoría de la liberación de tensión tiene que ver con la ruptura de la norma y la reaceptación de ésta. El alivio mediante la risa es uno de los mayores regalos del humor al ser humano. No obstante, hay que tener en cuenta el aspecto subjetivo del humor o la risa. En este caso, lo que tiene gracia para unos puede que no la tenga para otros. Cuanto más profundo sea el quebrantamiento de la norma, más brusco se volverá el humor, lo que generará una intolerancia social. La risa desempeña una importante función social, ya que con ella la sociedad castiga y corrige todo aquello que, por su rigidez, amenaza el perfeccionamiento de la comunidad humana.

En resumen, el humor, desde el punto de vista filosófico, es una herramienta fundamental si se sabe utilizar de forma amable y certera, y ya se sabe que a la certera va la vencida. ¿Has pillado el juego de palabras? Puede que te haga más o menos gracia; no es necesario que sueltes una carcajada, el humor también es una sonrisilla de medio *lao*. Lo importante es saber si lo has pillado a la primera o te ha costado, o incluso si aún no sabes de qué leches estoy hablando. La cuestión es que el humor también va de conectarse con el humor de la persona con la que te relacionas, conversas, etcétera. Para eso las conversaciones filosóficas pueden ser muy interesantes, y que conste que no hace falta estudiar una carrera ni ser filósofo para tenerlas; simplemente es una cuestión de curiosidad, humildad, paciencia y sentido del humor.

«La risa
es la distancia
más corta entre
dos personas.»

Victor Borge

14

LA VUELTA AL MUNDO EN OCHENTA RISAS

Las personas más divertidas del mundo hacen de éste un lugar un poco mejor, ¿no te parece? Seguro que conoces a gente divertida, gente alegre, personas *smile* que siempre le sonríen a la vida, ¿verdad? Quédate siempre cerquita de ellas y tu vida será mucho más agradable y divertida.

Para eso tendríamos que viajar por el mundo y ver dónde se localizan estas personas. Hace tiempo tuve la idea de rodar un documental con este propósito, y estoy seguro de que un día lo llevaré a cabo. De momento tengo otro proyecto entre manos mientras escribo este libro, y con los tiempos que se marcan para editar y publicar puede ser que en este momento en el que me lees ya estemos de rodaje (si buscas en mis redes, algo encontrarás).

Pero volviendo al tema de las personas alegres, hay un dato muy curioso: este año se ha vuelto a proclamar a Finlandia como el país más feliz del mundo, y en este caso se asocia felicidad con alegría. Normalmente te diría que no son la misma cosa, ya que la alegría es la consecuencia de la felicidad o cómo se representa en algunos casos (aunque no en todos, pues la felicidad también puede presentarse como serenidad, calma, paz y sosiego).

La proclamación de Finlandia no es fortuita; está generada por el **índice global de felicidad**, que es una publicación anual de las Naciones Unidas que evalúa la felicidad en 157 países mediante encuestas a ciudadanos en las que éstos valoran su propia vida. Sus respuestas se asocian a distintos factores relacionados con la calidad de vida.

De acuerdo con el índice de 2023, Finlandia es el país más feliz del mundo. Por el contrario, Afganistán es el último país de la lista. España está en el puesto 32. Éstas son las estadísticas y puede que tú tengas otra percepción, pero a mí me trae el recuerdo de mis visitas a la capital del país nórdico, Helsinki, en mi época de maestro de ceremonias de cruceros.

Es un país maravilloso, no muy grande y con poco más de cinco millones de habitantes, y quizá por eso se gestionan mejor. La gente es risueña y se les nota esa felicidad. Viven rodeados de naturaleza y cerca del mar y eso siempre suma, ¿verdad? Además de todo esto, Finlandia reconoce la importancia de la salud mental y ha puesto en marcha políticas de prevención y tratamiento. El país tiene un amplio sistema que ofrece servicios de asesoramiento y terapia, y eso sí que es un regalo y un enfoque brutal para edificar la felicidad en un país.

Si los gobiernos invirtieran en cultura, educación, gestión emocional y salud mental lo mismo que en armamento, rotondas y monumentos al ego de los gobernantes, quizá el mundo sería un lugar diferente. Eso pasaría si la energía prevalente fuese la femenina, la maternal, que es más cuidadora y respetuosa, al contrario que la masculina, que siempre anda entre batallas y conquistas para satisfacer el ego que la suele dominar.

Por otro lado, las personas más divertidas del mundo, las que parecen tener más sentido del humor no son las latinas, ni las europeas. Son… ¡las estadounidenses! La verdad es que el estudio se hizo en 2011 y está basado en una encuesta entre más de treinta mil usuarios de la plataforma de citas Badoo. Sin embargo, como nos cuenta la web <criticalandia.com>, también aparece cada año una clasificación de las naciones más divertidas del planeta teniendo en cuenta las opiniones de viajeros de todo el mundo, y mira qué curioso es el top 10:

10. Turquía
Según las opiniones de los viajeros internacionales, Turquía está en el puesto número 10 de países más entretenidos del mundo gracias a lugares como Estambul o Antalya. El país destaca por su riqueza histórica, sus espacios naturales, sus bazares o su ocio nocturno.

9. Países Bajos
Se encuentra entre los lugares más divertidos del mundo para los turistas, que valoran especialmente su capital, Ámsterdam.

8. Portugal
Portugal se cuenta entre los sitios más animados del mundo, tanto por las ciudades de Lisboa u Oporto como por otros lugares cercanos al océano Atlántico.

7. Tailandia
Se sitúa como el séptimo país más divertido del mundo según los viajeros, especialmente por su capital, Bangkok, y también por sus poblaciones de playa.

6. Japón

Japón se considera uno los países más entretenidos del mundo, según los visitantes internacionales, especialmente por ciudades como Tokio o Kioto.

5. Grecia

Ocupa la quinta posición mundial en cuanto a diversión, sobre todo por la ciudad de Atenas y su riqueza histórica, así como por sus múltiples islas mediterráneas.

4. España

España, según los visitantes internacionales, está entre los países más divertidos del mundo gracias a lugares como Madrid, Barcelona o Sevilla. Los turistas destacan la comida y la fiesta.

3. Reino Unido

Se considera el tercer país más divertido del planeta debido a la gran cantidad de atracciones que podemos visitar, ya sea en Inglaterra, Escocia, Gales o Irlanda del Norte.

2. Francia

Francia, el país más visitado de todo el mundo, es aclamado como lugar entretenido sobre todo por su capital, París, así como el resto de la nación, en la que sobresale la comida y la gran cantidad de lugares por descubrir.

1. Estados Unidos

A partir de las opiniones de los turistas internacionales, Estados Unidos fue elegido el país más divertido del mundo gracias a ciudades como Nueva York, Los Ángeles o Las Vegas. Entre los aspectos más valorados están los parques nacionales, el ocio nocturno o los parques de atracciones.

También es verdad que aquí se unen los conceptos de *divertirse* y *entretenerse*, que, parecen lo mismo, pero no son iguales. No es que sea un lugar divertido por el humor, es que hay muchas actividades y eventos de entretenimiento, ya sabes, muy americano todo.

En cada país seguramente la gente se ríe de cosas diferentes. Por ejemplo, había una frase que decía que ningún chiste alemán es para tomárselo a risa. Hay una anécdota que me encanta. Dicen que Ronald Reagan, el que fuera presidente de Estados Unidos, tenía un gran sentido del humor y se cuenta que un día, en un discurso frente a un público japonés, soltó un chiste y el público estalló en una inmensa carcajada. Cuando el presidente, asombrado por la eficacia de su chiste, le preguntó al intérprete cómo había podido traducirlo, éste le dijo que no lo había hecho; simplemente les había dicho que él había contado un chiste. De este modo comprobamos dos cosas: la primera es que el sentido del humor puede tener un efecto placebo, y la segunda es que los japoneses tienen una cultura con unos valores increíbles.

Entonces, parece que según el país en el que nazcas tu sentido del humor será uno u otro. Por ejemplo, el humor británico es muy significativo; ahí va un chiste inglés: *Why are there fences around cemeteries? Because people are dying to get in.* («¿Por qué hay vallas alrededor de los cementerios? Porque la gente se muere por entrar.»)

Si te has reído es que vamos bien. Aunque sólo haya sido una pequeña sonrisa es suficiente; ten en cuenta que los chistes leídos no son igual que los chistes contados, del mismo modo que las risas son más bellas en directo. Últimamente se usan mucho las redes sociales y se escribe para expresar la risa, también de manera diferente en cada país. En Tailandia, por ejemplo, se representa con el número 55555, lo cual es una forma muy gráfica y curiosa de hacerlo, porque el número 5 en tailandés se pronuncia «haa». Entonces, si algo te hace mucha gracia tienes que escribir 55555555+(+), añadiendo el signo de suma. Prácticamente es una llamada de teléfono al extranjero.

En Portugal la risa se representa con dos grupos de letras: «kkkk» y «rsrsrs» (abreviatura de *riso*, que significa 'risa'). También se usa el irónico «rarara», tanto en Portugal como en Brasil.

Los turcos usan «hahaha», «ahahah», «jsjsjsjs», «weqeqwqewqew» o la opción más simpática: letras a voleo como «dksajdksajdoşad». Para reír eso es lo más cómodo, sin duda alguna.

En inglés encontramos expresiones muy curiosas. Las formas más típicas de transcribir la risa en inglés son «haha», «hehe» para risa irónica y «hihi» para expresar una risa traviesa. Sin embargo, en las redes sociales se usan siglas como LOL (*laughing out loud*, 'reírse a carcajadas'), LMAO (*laughing my ass off*, 'partirse el trasero', aunque es un poco grosero, ¿verdad?) o LMFAO (*laughing my fucking ass off*), que es el nombre de un famoso grupo musical que nos hacía bailar con *Sexy and I know it*. Más políticamente correcto es ROFL (*rolling on the floor laughing*, 'revolcarse por el suelo de la risa').

Si se tratara de España sería MPYMM («me parto y me mondo») y MPEC («me parto el culo»). En Andalucía, y más concretamente en Málaga, se diría QPDR («que *pechá* de reír»). Una *pechá* es una medida exclusiva de esa ciudad y viene de un golpe o empujón que se da, especialmente con el pecho, para abrirse paso, pero siempre se asocia a mucha cantidad de algo. Lo opuesto sería la *mijita* (un poquito de algo).

En Francia, que no parece *a priori* un país muy alegre, aunque hay comedias francesas muy divertidas, podrás leer «héhé», «hihi», «hoho», aunque lo más común es usar MDR, que significa *mort de rire* ('muerto de risa'). Para elevar el tono se escribe PTDR (*pété de rire*; literalmente, 'a pedos de risa'). Para la risa malvada se usa «mouhaha». Prueba y pronúncialo ahora en voz alta; ya verás como te ríes sí o sí.

Sin embargo, me quiero quedar con un detalle: como ves, se usan las ventosidades para conectarlas con la risa, y es que no hay nada más divertido y catártico que un buen pedo sonoro e inodoro. Para mucha gente son una falta de respeto, y yo creo que lo son si se generan en el lugar equivocado, pero eso ocurre también con otras expresiones del humor. Ya lo hemos hablado: si estamos conscientes sabremos cuándo usar el humor, cuándo la serenidad, cuándo la escucha y siempre el amor, en todo momento. Es verdad que hay cosas escatológicas que a veces nos hacen reír, como eructar, que para unos puede ser una falta de respeto y, en cambio, para otras culturas, una señal de que nos ha sentado bien la comida; por ejemplo, en Marruecos y otros países africanos, o incluso en China, donde, además, se hace ruido al comer para demostrar que la comida gusta y se deja algo en el plato como muestra de respeto y de que se ha comido suficiente.

Si nos vamos a la India, el hindi, el idioma más extendido en el país, tiene la particularidad de que los hombres se ríen con «haha» y las mujeres lo hacen con «hehe».

En español el sonido de la risa es fuerte, con la jota en la carcajada. «Ja, ja, ja» es la expresión más común, «je, je, je» cuando se emplea un tono irónico y «ji, ji, ji» cuando se quiere transmitir picardía. De hecho, puedes decir cualquier barbaridad en WhatsApp y escribir «je, je, je» a continuación y queda completamente convalidado.

No obstante, ten cuidado si te estás riendo en WhatsApp con un amigo indio que hable hindi, porque *jaja* significa 'que te pires'. Cuidado también con escribir LOL a tu amigo o amiga vietnamita, porque se parece mucho a *lồn*, que es una forma grosera de decir 'vagina'.

Me encanta que los adolescentes polacos tengan una palabra muy divertida, *heheszki*, que significa 'patadas y risas' y sirve para expresar diversión sin ningún objetivo serio. En lituano tenemos *Cha Cha Cha*, que no es el baile responsable de la culpa, como decían Gabinete Caligari, sino que se pronuncia como nuestro «ja, ja, ja». ¿Lo sumamos y bailamos riendo?

Y, para terminar, mi favorita. En Estonia se usa IRW, y estas tres letras son en realidad una abreviatura del verbo estonio *irvitamina*, que significa 'reír de una manera especial' o 'sonreír'. Me encanta *irvitamina*, pues sonreír es sin duda vitamina para tu ser.

Después de aprender a expresar la risa en veintiséis idiomas diferentes es posible identificar un sonido común al representar la risa escrita. Tal vez ahora puedas divertirte escribiendo tu risa de manera distinta cuando le envías un mensaje a un amigo o a una amiga.

15

LOS SIETE TIPOS DE SONRISA

El modo más eficaz de ocultar una emoción es fingir otras. ¿Cómo te has quedado? ¿En tu cabeza se ha oído el bum?

A veces, para evitar mostrarnos vulnerables, exhibimos una sonrisa que es muy eficaz, está aceptada socialmente y se asocia con la felicidad y el bienestar. Sin embargo, no es real, aunque a veces, como digo, sea eficaz para distraer la atención del foco esencial, que es la autenticidad. A veces también sonreímos cuando nos sentimos regulinchi, removidos o desdichados.

La acción muscular necesaria para fingir la sonrisa es relativamente sencilla. Las investigaciones científicas señalan que, en lo que se refiere a mover los músculos, se tarda menos en sonreír que en fruncir el ceño. Hay 17 músculos implicados en ese gesto tan sencillo y cariñoso, mientras que para expresar enfado hay que mover 43. Aunque sólo sea por vaguería, mejor reírse, ¿no?

Ya sabes que sonreír no es sólo mostrarse feliz. Este movimiento estimula el sistema nervioso del ser humano y produce endorfinas, también conocidas como «hormonas de la felicidad». La risa restringe asimismo la producción de una hormona denominada cortisol, que es la responsable del estrés, y segrega dopamina en el cerebro, que es un neurotransmisor vinculado a la agilidad mental, puesto que mejora las conexiones neuronales, como veremos en el capítulo de la farmacia interior. La risa genera sustancias en el cerebro que casi siempre provocan un efecto placentero y hasta anestésico.

Pero ¿cuántos tipos de sonrisa hay y qué nos quiere decir cada una de ellas? Hagamos un pequeño ejercicio: ve a por un espejo o muévete hasta donde tengas uno. También sirve si te grabas con la cámara del móvil. Regálate la mejor sonrisa que tengas y obsérvala con detenimiento.

DIBÚJALA AQUÍ:
(No hace falta que sea un dibujo perfecto, pero sí que refleje más o menos la línea de la boca y la posición de los ojos y, si se muestran, la dentadura y los hoyuelos.)

Según un estudio, existen siete tipos de sonrisa, que se interpretan de la siguiente manera:

SINCERA
Es más duradera cuando los sentimientos son positivos y potentes. En esta sonrisa actúa el músculo cigomático y se elevan los pómulos, pero tiene un inconveniente: salen patas de gallo (ja, ja, ja) y eso a las almitas coquetas les puede producir

alteraciones del humor y mieditis aguditas. Pero, mira, si las patas de gallo son el precio que hay que pagar, estoy dispuesto a pagarlo si la recompensa es una sonrisa sincera.

AMORTIGUADA

Esta sonrisa también muestra sentimientos positivos, pero disimula un poco la intensidad. Se ponen los labios apretados, se estiran bien las comisuras y... también aparecen las dichosas patitas de gallo. Lo sentimos.

FALSA

Ya te puedes imaginar el propósito de esta sonrisa: ocultar lo que se siente e intentar convencer al otro de que se siente algo bueno. Por lo tanto, contradice la emoción prevalente. Es, además, la única sonrisa mentirosa.

BURLONA

También se la conoce como «sonrisa Chaplin» y es poco habitual. Los labios se elevan mucho y resulta muy insolente, como si se alegrara del propio hecho de sonreír.

DESDEÑOSA

Se suele confundir con una sonrisa auténtica, puesto que se contraen los músculos y pueden aparecer los hoyuelos. Es fácil de reconocer por el rictus, aunque puede despistar.

TEMEROSA

No se percibe positividad por ninguna parte. El músculo risorio tira de la cara para atrás y la boca queda como una caja de zapatos. Es muy fácil de reconocer y nos da muchas pistas sobre cómo se siente esa personita.

TRISTE

Es la más curiosa de todas. Es sincera, pues no intenta ocultar cómo se siente la persona. Físicamente es asimétrica y prolongada. Suele indicar que no habrá queja, porque la misma sonrisa señala el estado de la persona.

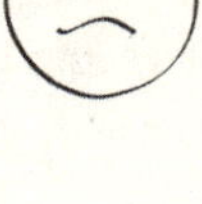

Ahora que conoces los siete tipos de sonrisa y sus características, ¿puedes identificar en tu dibujo alguna de ellas? Ésa sería la prevalente o la que sientes en este momento. Es verdad que tus sonrisas pueden variar dependiendo de cómo lleves el día, pero ten presente que la cara es el espejo del alma y que expresa incluso lo que quieres ocultar. El estudio de este capítulo te puede enseñar a identificar en qué estado se encuentran las personas con las que te relacionas, a no ser que sean muy buenos actores y actrices, aunque al final la verdad siempre prevalece.

Regresa a tu espejo, vuelve a ti y recuerda que el humor comienza siempre con una buena sonrisa. Entrénala para que sea siempre honesta; ser vulnerable es un don, no un defecto.

TERCERA PARTE

DIME CÓMO TE RÍES Y TE DIRÉ QUIÉN ERES

¿Por qué nos reímos con una letra concreta? No se sabe, pero lo que sí sabemos es que no todos nos reímos con la misma vocal. La revista *Neurosalud* publicó un artículo del doctor Marcos Llanero que incluye un recuadro muy interesante titulado «¿Con qué letra te ríes?»:

- **Ja**: es la reproducción más habitual de la risa y se suele asociar con la carcajada.
- **Je**: es una risa camuflada y a veces se emplea repetidamente para expresar incredulidad o un tono irónico.
- **Ji**: esta risa implica un perfil de cierta inmadurez, ya que se relaciona con los niños.
- **Jo**: es la carcajada que se asocia a Papá Noel y, curiosamente, a veces se utiliza para manifestar enojo.
- **Ju**: se suele utilizar para expresar mofa o desprecio.

Una cosita más, un dato curioso: la risa femenina es más contagiosa, porque suele ser más aguda y la risa aguda se contagia más que la grave. Por este motivo los creadores de las series televisivas de humor suelen incluir risas femeninas o grabadas en esas frecuencias en las escenas cómicas. Si me paro a pensar en este dato, veo que en mis espectáculos y talleres todo funciona mucho mejor cuando hay mayoría femenina; la risa y el aprendizaje cuajan mucho más.

Por otro lado, según la medicina tradicional china cada vocal produce una vibración interna en diferentes zonas del cuerpo, y se cree que estas vibraciones tienen efectos positivos en la salud y el bienestar.

BENEFICIOS DE REÍR CON LA VOCAL A

- **Promueve la risa**. La A es la vocal más abierta y, por lo tanto, la más fácil de pronunciar. Se cree que favorece la risa natural y espontánea.
- **Activa los riñones**. Al pronunciarse con la boca abierta y los músculos del abdomen contraídos, la vocal A estimula los riñones, que son los responsables de la eliminación de toxinas del cuerpo.
- **Mejora el estado de ánimo**. Se ha demostrado que la risa mejora el estado de ánimo y reduce el estrés, de modo que reír con la vocal A puede ser una forma eficaz de elevar el ánimo y promover la relajación.

Así pues, estamos ante la risa más sanadora de todas ¿y además elimina toxinas? Esto es una maravilla, ¿no te parece?

BENEFICIOS DE REÍR CON LA VOCAL E

- **Promueve la creatividad**. La vocal E es la más nasal y, por lo tanto, la que más se vincula con la imaginación y la creatividad. Se cree que reír con la vocal E puede ayudar a estimular la creatividad y la inspiración.

- **Activa el corazón**. La vocal E se pronuncia con la boca abierta y los músculos del pecho contraídos, con lo cual se estimula el corazón, que es el responsable de bombear sangre por todo el cuerpo.
- **Fortalece el sistema inmunitario**. El corazón es un órgano importante del sistema inmunitario, de modo que reír con la vocal E puede ayudar a fortalecer este sistema y proteger al cuerpo de las enfermedades.

Si te ríes con la E estarás cuidando una parte esencial de tu ser, el corazón, y además elevarás el nivel de protección de tu sistema de defensas.

BENEFICIOS DE REÍR CON LA VOCAL I

- **Promueve la comunicación**. La vocal I es la más aguda y, por lo tanto, la que se relaciona de forma más directa con la comunicación y la expresión de uno mismo, con lo cual puede ayudar a mejorarlas.
- **Mejora la digestión**. El intestino delgado es un órgano fundamental del sistema digestivo. Reír con la vocal I facilita la digestión y favorece la absorción de nutrientes.

Reír con la I es divertido a la vez que creativo. ¿Qué más se puede pedir?

BENEFICIOS DE REÍR CON LA VOCAL O

- **Promueve la concentración**. La O es la vocal más cerrada y, por lo tanto, la que más se asocia con la concentración y la atención. Se cree que reír con esta vocal puede ayudar a mejorarlas.
- **Regenera el metabolismo**. La vesícula biliar es un órgano destacado del metabolismo. Reír con la vocal O puede ayudar a mejorar el metabolismo y promover la pérdida de peso.

Reír con la vocal O es la pera limonera: te ayuda a perder peso, lo cual no me cuadra con que sea la risa de Papá Noel, por motivos evidentes.

BENEFICIOS DE REÍR CON LA VOCAL U

- **Promueve la intuición**. La vocal U es la vocal más redondeada y, por lo tanto, la que se asocia más frecuentemente con la intuición y la sabiduría interior, con lo cual su uso puede ayudar a estimularlas.
- **Reír con la vocal U fortalece el sistema inmunitario**. El bazo es un órgano crucial del sistema inmunitario. Al reír con la vocal U vigorizamos este sistema y protegemos al cuerpo de las enfermedades.

Por supuesto, esto sólo son creencias y no hay evidencia científica que las respalde. Sin embargo, reír es una actividad saludable y divertida que puede tener muchos beneficios para la salud, independientemente de la vocal que se use. En definitiva, ríete como te dé la gana, pero ríete, por el humor de Dios.

16

COSQUILLAS: EL ARTE DE HACERTE REÍR

A veces, cuando nos reímos, acabamos llorando de la risa. Parece contradictorio, pero es una delicia. También podemos mearnos de la risa, que es una expresión coloquial y bastante gráfica que se utiliza para describir una risa tan intensa y descontrolada que parece que uno podría llegar a perder el control de sus funciones corporales, incluyendo la de orinar. Es una manera humorística de expresar que algo es extremadamente divertido o cómico.

La expresión «desternillarse de la risa» tiene su origen en la imagen gráfica de alguien riéndose tan intensamente que siente como si sus costuras o puntos de unión (como la ropa o las «costuras» de la anatomía humana) estuvieran a punto de desgarrarse o «desternillarse». Es una metáfora visual para describir una risa extremadamente fuerte y descontrolada que hace que alguien se doble o tuerza con ímpetu. Hay gente que dice también «destornillarse» como variante. Aunque el origen preciso de la expresión no es fácil de rastrear, forma parte del valioso lenguaje figurado y colorido que enriquece el idioma español, que ha creado, por ejemplo, el término *refanfinflar*, que significa que todo te da igual y es un verbo precioso y muy útil para ser felices.

Pero vamos con las cosquillas. Ya sabes que la ciencia suele estudiar todo lo estudiable, y los científicos nos cuentan que las cosquillas suelen producir una sensación gustosa gracias a la dopamina, un neurotransmisor fundamental en el sistema de recompensa del cerebro, lo cual causa la risa. Cuando nos hacen cosquillas las terminaciones nerviosas que tenemos bajo la epidermis envían señales eléctricas al cerebro, y hay dos zonas que reciben los datos: la corteza somatosensorial, que regula las señales de presión, y la corteza cingulada, que se encarga de las sensaciones de placer.

Ahora te voy a hacer una pregunta importante: ¿tienes cosquillas? Dicen que las personas que tienen muchas cosquillas son muy delicadas de genio y se ofenden por cualquier cosa; vamos, lo que viene siendo un Fendi en toda regla (Fendi, de *ofendido*).

Hay a quien no le hacen gracia las cosquillas. Algunas personas pueden tener un umbral más alto para aguantar las cosquillas debido a las diferencias en las terminaciones nerviosas o en la sensibilidad al tacto, mientras que a otras simplemente no les resultan placenteras.

Las cosquillas, esas traviesas exploradoras de la risa, han sido testigos de risas histéricas y carcajadas incontrolables a lo largo de la historia humana. ¿Qué sería de nosotros sin esas cosquillas que nos hacen retorcernos como una oruga cómica? Vamos a explorar el apasionante mundo de las cosquillas, con las que cada carcajada es una medalla ganada en el campo de batalla del humor involuntario.

EL ORIGEN CÓMICO

Las cosquillas han sido fuente de risas desde tiempos inmemoriales. Incluso se imagina que los dinosaurios soltaban risas prehistóricas cuando otro dinosaurio les hacía cosquillas en la cola. La evolución puede habernos llevado de la cola prehistórica a los smartphones, pero las cosquillas siguen siendo el medio más antiguo y efectivo de provocar risas.

LA CIENCIA DE LA COSQUILLA

¿Alguna vez te has preguntado por qué las cosquillas son tan irresistibles? La respuesta está en la ciencia del reflejo de la risa. Cuando el cuerpo recibe cosquillas activa una serie de respuestas nerviosas y, ¡bum!, nos convertimos en marionetas movidas por el hilo cómico de las cosquillas.

EL ARTE DEL ATAQUE SORPRESA

Las cosquillas son como pequeños *ninjas* de la risa que atacan cuando menos lo esperamos. Puedes estar teniendo una conversación seria sobre impuestos y, de repente, ¡cosquillas! Y ahí estás tú, tratando de mantener la seriedad mientras te retuerces como un contorsionista en un espectáculo cómico.

COSQUILLAS: ¿ARMA DE TORTURA O FUENTE DE ALEGRÍA?

Históricamente las cosquillas se han utilizado en bromas amistosas, pero también se emplearon como instrumento de tortura en el pasado. Afortunadamente, hoy en día optamos por el uso amistoso y cómico de las cosquillas. Pero cuidado: si tienes amigos vengativos, nunca sabes cuándo podrías convertirte en su próxima víctima cómica.

LA ZONA PROHIBIDA

¿Existe un área específica que garantice risas instantáneas? El terreno de las cosquillas es como el mapa del tesoro de la risa: cada persona tiene una zona más vulnerable, ya sea en las axilas, en los pies o en ese rincón extraño detrás de las rodillas que pocos conocen, pero que provoca risas misteriosas.

COSQUILLAS VIRTUALES

En la era digital las cosquillas no se quedan atrás. Las caritas sonrientes y los emojis de risa son las versiones virtuales de las cosquillas. Enviar un mensaje gracioso puede ser tan efectivo como unas cosquillas presenciales. Eso sí, ten cuidado con reírte demasiado fuerte frente a la pantalla, porque podrías asustar al gato o incomodar a los seriotes de la vida.

En conclusión, las cosquillas son la risa encubierta el bromista silencioso en la gran comedia de la vida, así que la próxima vez que te hagan cosquillas déjate llevar por ese cómplice juego de la risa. ¡La vida es demasiado corta para no disfrutar de una buena sesión de cosquillas! Y, por supuesto, no dejes de gozar de unas buenas cosquillas en el alma, ésas que surgen cuando alguien te toca muy profundo con un detalle o un mensaje o te devuelve las ganas de reír.

La expresión «cosquillas en el alma» no tiene un significado literal, ya que las cosquillas son una sensación física generalmente asociada con la piel y las terminaciones nerviosas. Sin embargo, cuando se utiliza de manera metafórica «cosquillas en el alma» se refiere a una sensación placentera, emocional o espiritual que puede surgir a partir de experiencias, pensamientos o sentimientos positivos y edificantes. Cuando algo toca nuestro interior de una manera especial y provoca emociones positivas, inspiración, gratitud o felicidad profunda se puede usar la metáfora «cosquillas en el alma» para describir esa sensación. Es una expresión poética que destaca la conexión entre la vivencia emocional interna y algo que provoca una respuesta positiva más profunda. Por ejemplo, podría referirse a la sensación de alegría al experimentar algo hermoso, a la emoción que surge cuando recibimos muestras de amor o a la gratificación espiritual que se obtiene al participar en actividades significativas. En esencia, las cosquillas en el alma son una metáfora para describir momentos que llenan de alegría y satisfacción a un nivel más profundo de la existencia humana.

Muchas personas no se dan cuenta de que han perdido las ganas de reír, apagadas por tristezas, desafíos, rupturas, enfermedades y conflictos, y entonces toca observarse y recuperar la alegría. Recuerdo con mucho cariño a muchas almas bellas que se me acercan cuando terminan mis espectáculos y me confiesan que hacía mucho tiempo que no se reían tanto y me dan las gracias por devolverles las ganas de reír. Me genera satisfacción ver que la risa, la alegría y el humor son unas herramientas de sanación brutales, y las cosquillas, físicas o del alma, una buena manera de implementarlas.

¿Me dejas hacerte cosquillitas?

17

EL TEST DE LA COMICIDAD

Lo primero que vamos a comprobar es tu nivel de humor en la vida con este sencillo test a modo de juego:

1. ¿Crees que eres una persona divertida?
   Sí – No
2. ¿Cuántas veces ríes al cabo del día?
   Pocas – Muchas – No las he contado
3. Si vas por la calle y alguien tropieza delante de ti, ¿te ríes o ayudas?
4. Si otro día vas por la calle y se te caga encima una paloma, ¿te ríes o maldices?
5. ¿Te ríes sin pudor, aunque haya gente delante?
6. ¿Te disfrazas en carnaval?
7. ¿Quién es tu cómico o cómica favorito, aparte de Ángel Rielo?
8. ¿Necesitas beber alcohol para ser gracioso?
9. ¿Buscas la risa para conectar con las personas?
10. ¿Cómo valoras el sentido del humor en una relación?

Los resultados de este test no son valorables, excepto para ti. Lee las respuestas y piensa en si podrías mejorar en alguno de esos aspectos, pues cuanto más te acerques a la risa, más sana, divertida y extensa será tu vida.

¿Cómo? ¿Una vida más larga? ¿Estamos locos? Pues sí, un poco sí, pero es real: reírse alarga la vida y amargarse la acorta. El enfado la acorta, así como el rencor, la tristeza continuada, la rabia, la ira...; en definitiva, todo lo que resta y te hace sufrir hace que tus células se estresen y les quita tiempo de vida, así que tú decides cómo y cuánto quieres vivir.

Jolín, Rielo, esto suena serio, aunque se hable de risa, ¿no? Pues es que la risa es una cosa para tomársela en serio, y por eso te propongo que aprendas algunas técnicas para entrenarla y ponerla a punto.

Hay mucha gente que me dice: «¡Es que yo no soy gracioso!». Prestemos atención primero al concepto de ser gracioso. Entendamos que no hay que forzar y que ser gracioso no significa ser cómico o hacer reír, sino más bien utilizar de manera adecuada los dones, los talentos, las herramientas y las capacidades de nuestro ser para vibrar con algo de humor y alcanzar la plenitud.

Aunque parezca repetitivo, quiero que recuerdes la importancia de la risa en la salud mental, física, emocional e incluso espiritual, y esto me viene de maravilla para contarte algo que puede significar un gran aprendizaje en tu vida: para poder aprenderse y crecer es importante conocerse y conocer. Todo empieza en ti, en tus creencias, en el camino de tu vida y en cómo la has vivido.

La epigenética nos dice que no somos todo lo que heredamos, que sólo una parte de nosotros está en el ADN y que el resto tiene que ver con las experiencias vividas y, sobre todo, con el modo en que las hemos afrontado. De ahí la famosa frase «La vida no es lo que nos pasa; es lo que hacemos con aquello que nos pasa». Si estás leyendo este libro y te planteas quién eres, vas por el buen camino. Dicen que nacemos dos veces: una el día que venimos al mundo y otra cuando encontramos el propósito por el que vinimos.

No es que mi vida haya sido terrible, pero sí es verdad que ser humano es algo más complejo que ser un gato, por ejemplo, y en esa complejidad, precisamente, reside la ventaja. Somos más inteligentes, tenemos más capacidad de sentir y crear y, por consiguiente, también de destruir y sufrir. La herramienta que he utilizado durante todo este tiempo, la que me ha llevado a escaparme de todos los atolladeros, a superar todas las tormentas y salir siempre airoso y reforzado ha sido el sentido del humor.

Te voy a pedir un momento de introspección, o de ir hacia dentro, que es más fácil de entender, que a veces me pongo a incluir conceptos que me gustan y se me olvida explicarlos bien. La vida no es hacia fuera, sino que ocurre desde dentro, si bien es cierto que cuando los vientos de fuera son favorables navegamos de forma más fluida. Sin embargo, no somos dueños del viento, sino del barco. Espera, que me ha salido una frasaca:

No somos dueños del viento,
somos patrones del barco.

Por eso vamos a entrenar la comicidad y el sentido del humor como herramientas para sostener mejor los cambios de viento, las tempestades, el exceso de sol o la soledad. (¡Toma ya! Qué tremendo concepto se me acaba de ocurrir. Si es que estoy de un fino últimamente…)

Lo primero que tenemos que hacer es un chequeo ITA (Inspección Técnica del Alma) y observar cuál es nuestro nivel de autoestima y el de otro sentido que suele ser la kryptonita del humor. Me refiero al sentido del ridículo. Para ello quiero que hagas un ejercicio de introspección y apuntes a continuación cómo eres, cómo te sientes con respecto al humor y en qué podrías mejorar.

En el humor tengo una actitud...

- Abierta
- Vergonzosa
- Nefasta
- Kamikaze

Recuerda que para sanar y aprender toca reconocer la herida y admitir la ignorancia, y eso es un hermoso trabajo personal que cuesta, pero el resultado que se obtiene es maravilloso: la libertad.

¿Dónde han quedado tus ganas de divertirte? ¿Cuánto tiempo hace que no ríes, no juegas, no cantas, no bailas? Si has respondido que lo haces a menudo, ya sabes que estás en plenitud y surfeando la felicidad. En cambio, si has respondido «Uf..., es que no tengo tiempo para esas tonterías...», ¡escríbeme urgentemente por Instagram porque necesitas un tratamiento de choque! (concretamente que te choque la cabeza contra un árbol para ver si espabilas). Si has respondido «Me encantaría, pero me siento incómodo, me da vergüenza», pon atención a lo que te voy a contar ahora mismo.

Según el tercer acuerdo de los toltecas, no debemos tomarnos nada como algo personal, lo cual puede aplicarse a las críticas, los insultos y las opiniones, donde reside el fundamento del sentido del ridículo. Si tú no haces algo que te apetece hacer, ¿por qué piensas en lo que dirán otras personas al respecto? Le estás dando a esa gente un poder descomunal. La percepción de los demás sobre tu forma de vivir, actuar, pensar o sentir es sólo eso, una percepción, un juicio, una opinión, y no siempre está a la altura de tu valía y tu calidad humana y, en última instancia, no tiene nada que ver contigo, sino con esas personas.

Seguro que recuerdas la escena de la película *En busca de la felicidad*, protagonizada por Will Smith y basada en la historia real de Chris Gardner, en la que el padre le dice a su hijo que si tiene un sueño debe perseguirlo y que no consienta que nadie le diga que no puede hacerlo, ni siquiera él mismo, pues cuando las personas hablan de limitaciones se refieren a las suyas, no a las tuyas. Si alguien ve ridículo que bailes por la calle o sonrías sin motivo, eso habla de su incapacidad para hacerlo. Haz lo que quieras y vive como quieras, siempre y cuando no hagas daño a tus semejantes. Así pues, es importante que sepas que el sentido del ridículo carece de sentido cuando te impide divertirte y ser libre.

Puede ser que llegados a este punto sientas que te gustaría entrenar tu sentido del humor. En ese caso, sigue leyendo, que para ello te he preparado el siguiente capítulo.

18

DISCIPLINAS DEL HUMOR ARTÍSTICO

JUEGOS DE PALABRAS

En el humor hay una herramienta muy sencilla y divertida que suele funcionar muy bien: los juegos de palabras. Por ejemplo, ¿la ropa que llevan en la India sería indumentaria? Hay quien critica esta herramienta, pero a mí me hace mucha gracia. Se utilizan mucho en las comedias teatrales y en los carnavales de Cádiz, que son para mí la cuna del humor creativo y sagaz.

CHISTES

No se sabe muy bien quién los inventa e incluso es posible que se les ocurran a más de una persona a la vez. Históricamente somos un país de chistes constantes y, además, esa forma de expresión, como ya hemos comentado, libera mucho la tensión social y emocional de la población.

Un chiste puede ser corto, largo o muy malo; tan malo que haga gracia precisamente por ser tan malo. Por ejemplo:

—Doctor, vengo a que me reconozca.

—Pues ahora mismo no caigo.

El chiste corto es efectivo y se resuelve bien. El chiste largo, en cambio, ha de ser contado por gente con talento y personalidad, pues es más importante la forma de contarlo que el remate. En los chistes y las líneas de comedia para monólogos existen dos secuencias esenciales: la premisa y el remate. La premisa es la presentación y preparación fundamental para que el chiste funcione, y se cierra con el remate, que causa el estallido de la risa entre la audiencia.

Mis contadores de chistes favoritos son, sin duda alguna, Paco Gandía, con quien actué por primera vez en un escenario, como he contado anteriormente, y Antonio Reguera, un tipo que es capaz de convertir un chiste en un monólogo espectacular.

Un estudio reciente data los primeros chistes 1.900 años antes de Cristo y, como apunte anecdótico, te diré que leído no tiene ninguna gracia, pero parece ser que en la época y para los sumerios sí que la tenía. Este chiste antiguo dice: «Algo que nunca ha ocurrido desde tiempos inmemoriales: una mujer joven no se ha tirado un pedo en el regazo de su esposo».

Me he quedado igual que tú, que lo sepas.

MONÓLOGOS

Esta disciplina, según algunos estudiosos, tiene su origen en Estados Unidos. La persona que inició la *stand-up comedy* fue Charley Case, un artista afroamericano que ya en la década de 1880 o 1890 se subió a los escenarios de los teatros de vodevil de Nueva York para hacer algo que nadie había hecho nunca: interpretar monólogos cómicos sin accesorios ni disfraces.

En nuestro país lo más cercano fueron las presentaciones de Gila, aunque el formato no evolucionó tanto como en Estados Unidos, donde los cómicos usaban la comedia para satirizar la actualidad y muchas veces los detenían por obscenidad en aquella sociedad conservadora y arcaica.

En los años noventa los monólogos llegaron a España de la mano de Paramount Comedy y el programa *El club de la comedia*, del que fui semifinalista en su primera edición. Lo producía Globomedia, la empresa de Emilio Aragón, y en sus inicios no fue exactamente una herencia del programa estadounidense, pues al importarlo se añadió el concepto de que fueran personajes famosos los que hicieran los monólogos y no los propios cómicos. Luego no tuvieron más remedio que claudicar, ya que la esencia del monólogo es que sea de verdad, y eso sólo puede representarlo quien lo ha vivido o creado.

HUMOR GRÁFICO

En España hemos tenido grandes humoristas gráficos, como Forges o Ibáñez. Algunos creaban viñetas para periódicos y otros tebeos, que para los niños —y los no tan niños— de mi época eran un regalo inmenso, pues el humor blanco y cargado de energía de los personajes aportaba mucha alegría y diversión.

Mortadelo y Filemón eran dos claros ejemplos de payasos; el primero corresponde al personaje «nariz roja» que se caracterizaba por su torpeza, ternura, despiste y jugueteo constante, muy cercano a la energía del niño; y el segundo al «cara blanca» que aportaba seriedad, carácter, orden, disciplina y cordura, más cerca de la energía del adulto. Con ambas partes se creaba la magia del circo.

MEMES

Con las nuevas tecnologías han llegado también nuevas formas de hacer reír. Los memes son sátiras creadas a partir de un personaje o un hecho que acontece. Son imágenes, vídeos o textos, por lo general distorsionados con fines satíricos, que se difunden principalmente en internet.

IMITACIONES

En este caso la risa se genera por medio de la imitación del personaje de forma caricaturesca, ya que se acentúan los dejes, los tonos y las características de éste para causar la risa.

Nuestro país es cuna de grandes imitadores, y así comencé yo en el mundo del humor: imitando a otros cómicos. A la edad de ocho o nueve años mis hermanos me subían a un taburete para que imitara a Doña Rogelia, un personaje de Mari Carmen y sus muñecos. Más adelante, ya en mi juventud, imitaba a políticos y cantantes, y entré a trabajar en televisión en Canal Sur imitando a personajes del mundo de la prensa rosa.

VENTRILOQUÍA

Por referencias hablaremos también de este don increíble que tienen algunos artistas, que crean personajes apoyándose en un muñeco y provocan la risa conversando con él, es decir, consigo mismos. Creo que es un arte increíble y muy divertido, puesto que no sólo implica el sentido del humor para crear la comedia, sino que el artista genera un diálogo consigo mismo y, además, sin que se detecten movimientos con los labios. Aun así, creo recordar que hubo algunos artistas que tuvieron mucho éxito a los que se les veía mover los labios impunemente. De todas formas, es una disciplina maravillosa. Mi ventrílocuo favorito es Jeff Dunham, con su personaje Achmed, el terrorista muerto. Si sabes inglés te recomiendo que le eches un vistazo; este artista es de otro planeta.

SKETCH

Se denominan así las pequeñas tramas actorales que se incluyen en programas de televisión, con una duración de entre uno y cinco minutos. Programas como ***La hora de José Mota***, en el que trabajé varias temporadas, basan todo su contenido en los *sketches*. Es algo parecido a un cortometraje con principio y fin que pretende llevarnos a la risa en un corto espacio de tiempo y que es muy fácil de viralizar en redes sociales.

IMPRO

La improvisación es una de las disciplinas cómicas más divertidas y complicadas para los actores, pues no se ensaya, se entrena, ya que es el público el que aporta los datos necesarios para que los actores creen las escenas y resuelvan los juegos. El secreto de esta práctica es no negar nunca al compañero y trabajar con «sí» y «además»; es decir, jugar constantemente para que tu compañero pueda cerrar los chistes y que él también lo haga contigo.

Hace algunos años había un programa en La Sexta llamado ***Los irrepetibles***, que presentaba Emilio Aragón, y tuve la suerte de participar en varios episodios. No teníamos guion, simplemente se nos presentaba el juego a seguir y jugábamos con las premisas que se nos daban y salían cosas superdivertidas y ocurrentes. En todos mis espectáculos siempre hay un componente muy alto de improvisación, que es, a la postre, algo muy divertido, ya que surge de lo que sucede en el mismo instante que estamos viviendo.

Hoy en día uno de los grupos de comedia de improvisación más importantes de España es Corta el Cable Rojo (Salomón, Carlos Ramos y José Andrés), que lleva más de once años en cartelera en la Gran Vía de Madrid y ha consolidado el formato con un éxito arrollador. Otros exponentes son David Cepo y Juan Dávila, que juegan a la perfección a darle caña al público con un tono satírico. Es un público que sabe perfectamente a lo que va y lo disfruta, y ése es su mayor gancho.

MAGIA CÓMICA

Las disciplinas de la comedia también se unen a veces a la música o a la magia. En este último ámbito siempre ha habido algo de recelo entre cómicos y magos que usan la comedia para acompañar sus rutinas. Muchas veces se utilizan personas del público como asistentes y se cae en la ridiculización del espectador para crear la comedia, y eso es algo que para mí no tiene ninguna gracia.

Aun así, hemos tenido y tenemos grandes magos que, además, suman el humor en sus presentaciones, como el Mago Karim, Juan Tamariz, mi gran amigo DaOrtiz, considerado el mejor mago del mundo en cartomagia, y la verdad es que para mí Pepe Regueira y Pepe Carrol siempre fueron grandes referentes.

Como ves, el humor se cuela en todas partes y nos trae regalos entretenidos y muy apetecibles.

¿Cuál es tu forma preferida de comedia? ¿Te atreves a contarnos un chiste? Ése que te hace tanta gracia y que quizá hace tiempo que no cuentas. Sé que puede que pienses que no tienes ninguna gracia, pero no es cierto: todo el mundo tiene gracia y sentido del humor; ponerlo en práctica sólo es cuestión de valentía y entrenamiento.

Escribe tu chiste aquí:

Si te apetece, envíalo al e-mail <hola@angelrielo.es> y recibirás un regalito de mi parte.

19

EL HUMOR NO ES SÓLO RISA

No, y de esto es importante hablar, pues con este libro me gustaría cambiar el concepto que algunas personas tienen sobre el humor. Al igual que en la primera y la segunda obra de la trilogía, que, como sabes, versaban sobre felicidad y amor, respectivamente, en este libro también he querido profundizar y buscar la verdad del concepto.

Por ejemplo, en *El pequeño libro de la felicidad* relataba todo lo que aprendí sobre ella y que nos la habían contado de una forma que parecía que hacía imposible ser feliz a no ser que todo te fuera de maravilla. Confundir felicidad con alegría o placer es algo habitual y, en el caso del placer, muy acorde con el sistema capitalista.

La felicidad no es un estado, sino una actitud, y no es una emoción, sino un estado de consciencia pleno, coherente y más vinculado a la paz que a la euforia. Ya lo he explicado anteriormente: la alegría sí es una emoción y uno no puede estar siempre alegre, pero sí puede ser feliz todo el tiempo, incluso atravesando procesos de tristeza, nostalgia o aprendizajes vitales. De hecho, es en esos momentos cuando nos acercamos más a entenderla. Como nos contaron que era otra cosa, nos lo creímos, y eso de ser felices parecía una quimera, pero no lo es: significa vivir con plenitud y aceptación desde el amor que somos.

Y aquí entra *El pequeño libro del amor*, con el que rompimos el mito de que cada vez que oímos la palabra *amor* tiene que ir acompañada de romanticismo. El amor romántico es sólo una pequeña parte; potente, sí, porque nos mueve mucho, pero no es el amor en esencia, pues ese amor es algo superior y más interno que externo. En aquel libro aprendimos que el amor es la esencia de lo que somos; desde el amor curamos nuestras heridas mediante el perdón y así, amando de un modo incondicional, podremos entender este mundo, esta vida y a nuestros semejantes. También aprendimos que si no nos amamos a nosotros mismos será complicado que podamos amar a los demás y que, como dijo Wayne Dyer, «sea cual sea la pregunta, la respuesta siempre será el amor».

Sé que cuesta trabajo deshacerse de los conceptos aprendidos. Sucede lo mismo cuando hablamos de Dios: nos viene a la mente la religión y por eso mucha gente lo llama vida, cosmos, universo, Buda, Alá, Tao...; llámalo como quieras, pero llámalo.

Ya sabes que para mí Dios abarca también todas las respuestas, pues lo entiendo como la consciencia universal. Así pues, cuando me propuse escribir sobre humor también quería reivindicar una traducción más sólida del concepto, ya que nos lo tenían limitado al entretenimiento y, como has podido comprobar, nada más lejos que... Kazajistán, digo de la realidad, que ese concepto.

Así que el humor no es sólo risa, es también simpatía, amabilidad, medicina. El humor es conexión con tus semejantes, es un modo de vida con la alegría por bandera que si lo abrazas te hará tener una vida más placentera y feliz.

20

HAGAMOS EL HUMOR

En este capítulo jugaremos a crear humor desde el amor, y en él aprenderás a contar las cosas con humor para quitarles importancia.

En el año 2000 me contrataron para grabar un disco de chistes que se titulaba *Los cien mejores chistes*. Recuerdo que me lo pasé en grande con esa grabación y que me especialicé en chistes cortos. Éstos son algunos de los que grabé:

Un hombre entra en una librería y dice:
—¿Tiene el libro de cómo hacer amigos, calvo de mierda?

Entra una persona en una librería y pregunta:
—Perdone, ¿tienen algo de Hemingway?
—Sí, tenemos *El viejo y el mar*.
—Pues póngame el mar mismo.

—Doctor, tengo complejo de inseguridad. ¿O no?

—Doctor, tengo complejo de inferioridad.
—Usted no tiene complejo, usted es inferior y punto.

—Doctor, ¿tienen ya los resultados de mis análisis? Me muero por saberlo.
El doctor responde:
—No, por saberlo no.

Los chistes son de dominio público y se propagan con el boca a boca de un modo increíble.

Para aprender a crear humor puedes empezar por pensar en lo que te hace reír a ti. ¿La comedia se aprende? Sin duda puedes aprender a usar las herramientas, aunque para dedicarte profesionalmente a ello hay que tener ese don, ese talento, ese *geniotipo*, como diría el gran Tony Estruch.

No sé si te he hablado de mi pasión por la enseñanza. He iniciado varias escuelas de formación a lo largo de mi vida: una de DJ cuando mi mundo giraba en torno a la música, la radio y las pistas de baile; una de comedia cuando mi vida era el humor, y la Facultad de Feliciología, que inauguramos online durante la pandemia. Sin embargo, ahora ha llegado el momento de contarte que la comedia se aprende y se entrena, y no sólo si estás pensando en dedicarte profesionalmente a ello; también es muy útil en la vida cotidiana, en el día a día, ya que contiene trazos de improvisación, *acting*, expresión corporal y técnicas vocales, y de todo eso nos nutrimos a diario. A la hora de conectar en el trabajo, de relacionarse en ambientes de ocio, y en general en el ámbito social siempre obtienen mejores resultados las personas divertidas que las que no ríen ni aunque les hagas cosquillas.

A continuación, te voy a ofrecer unas pequeñas nociones sobre cómo empezar a trabajar en tu faceta de monologuista de comedia:

1. **Observación y estudio**. Presta atención a tu entorno y observa los detalles que pueden resultar graciosos. Estudia a otros monologuistas cómicos y analiza su estilo, sus técnicas y la estructura de sus chistes.
2. **Escritura y creación de material**. Dedica tiempo a escribir tus propios chistes, observaciones divertidas y anécdotas cómicas. Practica la escritura de manera regular para desarrollar tu estilo y encontrar tu voz cómica única.
3. **Práctica de entrega**. Entrena la entrega de tus chistes en voz alta. Trabaja en el ritmo, la entonación y la expresión facial para maximizar el impacto humorístico. Graba tus prácticas y escúchalas para identificar las áreas de mejora.
4. ***Feedback* y corrección**. Busca la retroalimentación de personas de confianza, como amigos, familiares o incluso otros comediantes. Escucha sus comentarios y corrígete en aquellas áreas en las que necesites mejorar.
5. **Actuación en vivo**. Busca oportunidades para actuar en vivo, como eventos de micrófono abierto, clubes de comedia locales o incluso reuniones informales con amigos. Actuar frente a un público te ayudará a ganar experiencia, desarrollar tu confianza y perfeccionar tu técnica.
6. **Edición y refinamiento**. Revisa y edita tus monólogos cómicos de manera regular. Elimina cualquier chiste que no funcione y busca formas de mejorarlos. Una edición cuidadosa puede marcar la diferencia entre un chiste mediocre y uno que haga reír a carcajadas.

7. **Persistencia y práctica constante**. La comedia es un arte que requiere tiempo y dedicación. Sigue practicando, actuando y refinando tu material de manera constante. Cuanto más practiques, más desarrollarás tu habilidad para hacer reír a la gente.

Recuerda que cada monologuista cómico tiene su propio estilo y enfoque, así que no temas ser auténtico y seguir tu propio camino. Ten en cuenta que el humor es el conector universal y que incluso si no conoces el idioma, una risa será suficiente para crear esa conexión. Primero diviértete y disfruta del proceso de aprendizaje y luego, si quieres, puedes actuar ante tu gente o quedártelo para ti, pero lo que está claro es que entrenando la comedia tendrás una vida más plena, divertida y conectada con la alegría, y eso suena muy *top*, ¿verdad?

Cuando acabes grábate y si quieres envíame el vídeo para que lo comentemos. También lo puedes compartir en el grupo de Telegram que hemos iniciado con la comunidad *rielística*. Si, además, te lo quieres tomar en serio y profesionalizarte, te recomiendo que tomes clases con algún profesor potente; en España hay varios con muy buena reputación.

Llevo tiempo pensando en crear una formación que una el humor con la liberación del sufrimiento; la risa con la sanación del alma; la comicidad con la disolución del ego y su amigo íntimo, el miedo, y escribiéndote este libro he confirmado y percibido la energía para hacerlo, así que prepárate para tu nueva vida desde el sentido del humor. Si te atreves, te acompaño a hackear la mente egoica y liberarte del secuestro del ego.

En la vida hay dos tipos de personas: las que ven las cosas pasar y las que hacen que las cosas pasen. Tú decides si quieres ser el actor de tu propia vida o ser espectador de la vida de los demás.

21

LA SERIE DE TU VIDA

La frase que acabas de leer a página completa aparece en la portada de *El pequeño libro de la felicidad* y es muy reveladora, pues en esta vida, gracias al libre albedrío, siempre hay dos caminos que podemos tomar y tenemos la capacidad de decidir cuál de ellos seguir. Si estuviéramos en otro plano, en otra dimensión diferente que no fuera terrenal, pues mira, ahí no habría nada que decidir porque todo sería calma, serenidad, amor y alegría, pero como vivimos en el plano terrenal, somos cuerpos físicos y hemos aterrizado en este divino planeta único en la galaxia, habitado y sostenible, sí podemos elegir. Ese poder no puede quitártelo nadie; ese libre albedrío nos da la oportunidad de decidir entre el amor o todo lo demás. También nos ofrece la posibilidad de escoger cómo vamos a vivir las cosas que nos pasan, y de este modo cobra sentido la epigenética, que no es la ciencia que estudia el mundo de Epi y Blas, sino el estudio de la forma en que nuestro ADN se modifica con las vivencias y las experiencias que acontecen en nuestra vida. Que tú decidas vivir la vida de un modo u otro modifica tu genética y la de tu descendencia. Por eso es tan importante ser quien decide, quien manda; en definitiva, quien escribe el guion de su vida.

Imagínate que en tu habitación mental está instalado el equipo de guionistas de tu serie particular, de tu vida, de tu obra, y de ahí que sea tan importante la narrativa con la que te la estás contando. Si te dan muchos dolores de cabeza, despídelos y contrata un nuevo equipo, porque la vida es, sobre todo, cómo te la cuentas, y eso ocurre dentro de esa habitación. Si el equipo de guion trabaja bien la comedia, la risa y la comicidad harán su trabajo y te quitarán mucho peso para ir ligeramente y con alegría por la vida. Recuerda que la comicidad reside en la zona de detección de errores del cerebro y debes ir a buscarla ahí para que tus guionistas la usen y así poder relativizar y darles otra perspectiva a los hechos, por muy dramáticos que parezcan *a priori*.

Con esta metáfora de la serie de tu vida quiero decirte que, además del guion, también diriges el *casting*, así que, si hay personajes que no te convencen, hazles un juego de tronos y te los cargas en el siguiente capítulo. Modifica las tramas, los guiones y los personajes y cambia también tú para acomodarte en un lugar de paz.

En todo esto hay dos variables que debemos tener en cuenta: las creencias y las evidencias. Las creencias se asumen y nos llevan al amor o al miedo; por tanto, elige las que más te convengan y asegúrate de actualizarlas de vez en cuando. Las evidencias, por el contrario, no pueden modificarse, pero sí se puede cambiar la forma en que eliges vivirlas.

La serie sólo se acaba cuando muere el personaje protagonista y, si eso pasa, ya no tendrás que preocuparte por nada más. Lo que ocurre después de la muerte física daría para otro libro y muchos estudios, aunque la verdad es que no conozco a nadie que haya vuelto para contarnos lo que pasó, así que no nos queda otra que introducirnos en el mundo de la fe, las creencias y lo espiritual.

La vida es incierta;
lo único cierto
es que estamos vivos.

CUARTA PARTE

EL PODER DEL SENTIDO DEL HUMOR

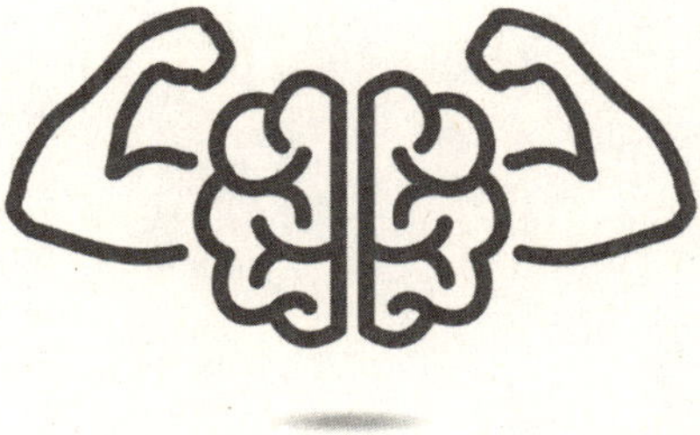

22

EL PODER DEL SENTIDO DEL HUMOR EN LOS PEQUES

En este capítulo aprenderás a utilizar el humor para conectar con tus hijos, hijas, nietos, nietas, *sobris* y demás chiquillería.

Acabo de vivir un episodio maravilloso que me hace recordar el poder del sentido del humor. Venía en el tren escribiendo y me sentía realmente cansado. Están siendo unas semanas de mucho movimiento: funciones de teatro en las que se está colgando el cartel de «NO HAY ENTRADAS», eventos de empresas, la presentación del libro de mi amiga/hermana Bisila Bokoko…; todo superhermoso, aunque sin duda requiere mucha dedicación y el cuerpo acaba agotado. Pues bien, hacía una hora que habíamos salido de Sevilla en dirección a Málaga cuando un bebé ha roto a llorar desconsoladamente y ha sobresaltado al vagón entero, que se encontraba en calma, a excepción de los clásicos viajeros que hablan por teléfono como si estuvieran solos en su despacho o en su domicilio… En fin, no juzgues, Rielito. Al cabo de cinco minutos el llanto se ha vuelto desgarrador y he pensado en levantarme para ver si podía calmar al bebé o a la madre, que parecía incómoda por el escándalo del llanto de la pequeña. Me he acercado y he empezado a hablarle a Nuria; así se llamaba la niña, que no tendría más de dos meses y estaba encendida del disgusto. Le he hablado con amor y comprendiendo su disgusto y de pronto se ha callado y me ha lanzado una sonrisa, su llanto se ha calmado y ha comenzado a recuperarse. Entonces me he dado cuenta de que yo también estaba sonriendo y he entendido el poder de la sonrisa. Incluso antes de que esa preciosa niña pudiera comprender las palabras, ya se ha conectado con la sonrisa y se ha calmado. Quizá ha sido el calor, o que pasábamos por túneles y los oídos se le taponaban; nunca lo sabremos, pero sí que os puedo asegurar que se me ha olvidado el cansancio y la duda, y la alegría me han inundado el corazón, y también al resto del vagón, que ha podido continuar el viaje en calma.

Estos pequeños milagros suceden a diario, aunque a veces no nos damos cuenta, y quería explicar esta historia porque en este capítulo me gustaría adentrarme en el mundo de los niños, las niñas, los jóvenes, las adolescentes y en lo importante que es el sentido del humor en esa etapa de la vida.

Cuando somos niños sólo sabemos llorar y reír. Luego vamos aprendiendo poco a poco otras formas de comunicación. Si nos criamos en un ambiente amable y divertido creceremos en esa armonía, aunque las condiciones económicas o sociales no sean muy buenas, pues eso no tiene nada que ver con la forma en que vivimos la vida.

Antes he mencionado a Bisila Bokoko, que cuenta en su libro una historia sobre su bisabuela, que tuvo catorce hijos y perdió a siete de ellos. La vida en África puede ser muy complicada y dura, más que en otros lugares. Ella explica que jamás perdió la sonrisa, porque era su decisión cómo quería vivir eso que la vida le traía, y que cuando vino a España por primera vez le preguntaba a la familia: «Oye, ¿eso de la depresión qué es?». No entendía que las personas pudieran entrar en ese estado cuando tenían más de lo que ella habría soñado nunca. Quién no recuerda la película *La vida es bella*, de Roberto Benigni, en la que el humor y la narrativa del juego aplacaban un escenario *a priori* terrible y doloroso.

Para poder aplicar el efecto Rielo a tus hijos e hijas has de tenerlo bien instalado. Creo firmemente, fielmente y poderosamente que la educación puede cambiar muchas cosas y generar una vida más plena y amable para todo el mundo. La educación no son sólo los colegios y los institutos, sino que empieza en casa y comienza por ti, que eres mamá o papá.

En mi caso recibí una amalgama de *inputs* muy diversos y extraños, porque mis referentes eran muy raros: entre ellos, un padre biológico ausente, opresor, dictatorial y arcaico que sólo se miraba el ombligo y al que agradezco al menos que me trajera a este mundo y me enseñara cómo no quería ser. Su ejemplo me sirvió para ser todo lo contrario, lo cual es una muestra de que a veces los peores ejemplos crean las mejores actitudes. También es cierto que él no tuvo los modelos más adecuados, pero, aun así, la decisión de cómo aprender lo que la vida le trae es de cada uno, ¿no te parece? Él hizo lo que pudo con lo que tenía. Por otro lado, una madre con una vida muy revuelta, criada por su abuelo y con un referente materno que la abandonó de muy niña, un patrón que ella repitió con sus hijos cuando tuvo la oportunidad. Otra almita que hizo lo que pudo con lo que tenía. Por último, un padre lógico (el marido de mi madre, que me crio como a un hijo más) que, sin herramientas emocionales para gestionar que su mujer, tras años de relación y cuatro hijos, se enamorara de otro hombre y me tuviera a mí, tuvo la valentía de reconocerme, cuidarme, amarme y ser un gran padre durante los veinte años que estuvo a mi lado. Él sí que fue mi gran ejemplo de amor incondicional y cuidados.

Ahora que ya te he contado mi curiosa historia, no quiero que te sientas mal: sé que soy bastardo, pero no me importa. Me voy a casa, me pongo *Juego de tronos* y me siento como un rey.

La cuestión es que para poder educar hay que estar educado. Este planteamiento es muy extraño, pues queremos enseñar a nuestros hijos hoy con lo que aprendimos ayer para que vivan mañana.

Creo que el verdadero emprendimiento es el de ser padres y madres, y no sé si somos conscientes de ello. Es muy raro que para adoptar te pidan mil requisitos y, en cambio, ser padre o madre de forma natural se le permita a cualquier persona sin saber si está preparada o no. Sé que suena extraño, pero incluso para sacarte el carnet de conducir necesitas un teórico y un práctico, pero para ser padre o madre sólo has de estar vivo y ser fértil, ¿o cómo va la cosa? Si estás leyendo esto y eres papá o mamá, te pido que hagas una reflexión sobre tu responsabilidad y dediques tiempo a formarte para enseñar a tus hijos e hijas. Una buena gestión emocional por tu parte te dotará de las herramientas adecuadas para entrenarlos y enseñarles.

El sentido del humor que aplica el efecto Rielo no son sólo risas y juegos, sino también entrenamiento emocional, estar preparados para afrontar con humor y amor los incesantes cambios que nuestros hijos e hijas tienen a lo largo de la vida. Ya sabes que éste que te escribe tiene dos hijas maravillosas, con dos mujeres también maravillosas, y que hace dos años aceptó el reto de ser el padre de un joven de Costa de Marfil que llegó a España en patera con dieciséis años. Todo el aprendizaje emocional y espiritual que he adquirido me ha servido para acompañar a mis hijos en su camino de vida y para resolver y sortear obstáculos con mucho amor y alegría.

Las claves para el aprendizaje son dos: paciencia para el que enseña y humildad para el que aprende. Puede ser que te cueste un poco cambiar los escenarios, pues cuando no se han hecho conexiones emocionales ni tratado los temas desde esta perspectiva hace falta paciencia. Analiza con humildad cómo es el vínculo que tienes con tus hijos e hijas, si hay diálogo o son imposiciones, si existe autoritarismo y si trabajas con la expectativa de que se deben comportar del modo que tú consideres normal.

Piensa que para trabajar mejor en su educación, aportando valores esenciales y potentes, primero debes trabajar en ti. No se trata de evitar que se equivoquen, sino de enseñarlos a administrar la frustración que provoca el error y que vean que todo suma, que todo enseña si se sabe cambiar la narrativa. Olvídate de la queja al recordar el pasado que no fue como te habría gustado y reconoce en el presente lo que sí puedes hacer para ayudarlos a crecer con amor y serenidad.

Apuntamos a los niños y a las niñas a todo tipo de actividades extraescolares y nos olvidamos de pasar tiempo jugando con ellos y enseñándoles valores y herramientas. Los padres y las madres tenemos una gran responsabilidad, pues ya de por sí el sistema educativo actual es una falacia de conceptos inútiles para alcanzar un supuesto éxito escolar que ha demostrado su ineficacia y su carácter arcaico y obsoleto. Quien habla de fracaso escolar debería ser consciente de dónde se ubica el listón del éxito escolar. La educación emocional y en valores sería maravillosa si se implementara hasta los ocho o diez años con el propósito de formar buenas personas, incluyendo aspectos como la escritura, el vocabulario, el desarrollo cognitivo y la gestión emocional, y una vez que hayamos educado a buenas personas, que se formen buenos médicos, buenos abogados, buenos profesionales del ámbito que sea, pero con base en el amor y la bondad.

¿Cómo es posible que en el siglo XXI aún haya violencia en los colegios y en los institutos? ¿Cómo se han formado los padres y las madres de esos niños y niñas que abusan, maltratan y amargan la vida a otros seres humanos por el simple hecho de ser diferentes? Ése es el verdadero fracaso escolar: el *bullying*, el acoso. Que las tasas de suicidios y enfermedades mentales sigan creciendo y no seamos capaces de ponerles freno es un síntoma de que algo falla en el sistema educativo. Por este motivo toca asumir la responsabilidad y formarse para educar en valores a nuestros hijos e hijas, y uno de esos valores es el sentido del humor. Reírse de los demás no es gracioso; reírse con los demás, sí y, además, aporta infinidad de nutrientes emocionales para ser felices.

El valor del ser o el tener es muy importante. Cuando imparto conferencias para adolescentes veo que muchos siguen creyendo que el dinero les da la felicidad, o que ser populares los hace más importantes; que necesitan ser aceptados por clanes o grupos dominantes, aunque eso conlleve comportamientos nocivos o dañinos para otras personas. Que no se nos olvide que entre la inocencia y la ignorancia se pueden asumir conceptos que deterioran el desarrollo emocional y cognitivo y que a la larga causan ansiedad, depresión y un sinfín de conductas dolorosas que luego habrá que trabajar en terapia. Quizá sería más idóneo cambiar algunas de esas clases extraescolares por terapias emocionales para evitar acabar necesitándolas para resolver conflictos y males mayores.

Hicimos unas sesiones muy bonitas y constructivas con la Fundación Vivofácil (antes llamada Alares) en el colegio Los Álamos de educación especial en Madrid. Les llevamos el «gimnasio de las emociones» y los alumnos y las alumnas que han pasado por situaciones de mucho dolor y han sufrido *bullying* volvieron a sonreír y aprendieron a administrar sus emociones para aliviar y crecer en un contexto de amor.

Todo empieza en un instante, y si después de leerme te apetece empezar a enfocar la educación de tus hijos e hijas de un modo distinto, ahora es el momento adecuado. Puedes escribirme al e-mail que indico en el libro y te informaré sobre cursos y material para poder empezar a educar en valores.

Comienza por reír con tus hijos e hijas; escúchalos desde el corazón y sin juzgarlos, sé el cambio que quieres ver en su vida. Te lo dice un padre que ha aprendido de sus hijas más de lo que imaginaba y que ahora, después de algunos desencuentros lógicos, mantiene una relación maravillosa con ellas (lo cual, para qué nos vamos a engañar, nos beneficia mutuamente).

A veces cuando nos hacemos adultos nos cuesta ponernos en modo alumnos, pues el ego nos dice que ya lo sabemos todo, que somos muy listos y que nadie más joven que nosotros podrá enseñarnos nada, y en eso se equivoca totalmente, porque nunca dejamos de aprender y precisamente a eso hemos venido: a recordar y aprender. Piensa que quizá hay algo que desconoces por completo y que podría cambiar el rumbo de tu vida. ¿Te lo vas a perder por la soberbia del sabelotodo?

Los hijos no nos pertenecen, son un préstamo. Lee con atención estas palabras del premio Nobel de Literatura José Saramago:

> Hijo es un ser que Dios nos prestó para hacer un curso intensivo de cómo amar a alguien más que a nosotros mismos, de cómo cambiar nuestros peores defectos para darles los mejores ejemplos y de nosotros aprender a tener coraje. ¡Sí, eso es! Ser madre o padre es el mayor acto de coraje que alguien pueda tener, porque es exponerse a todo tipo de dolor, principalmente al de la incertidumbre de estar actuando correctamente y al del miedo a perder algo tan amado. ¿Perder? ¿Cómo? ¿No es nuestro? Fue apenas un préstamo. El más preciado y maravilloso préstamo, ya que son nuestros sólo mientras no pueden valerse por sí mismos, luego le pertenecen a la vida, al destino y a sus propias familias. Dios bendiga siempre a nuestros hijos, pues a nosotros ya nos bendijo con ellos.

Enhorabuena por lo que se te concedió, y hazte cargo de esa responsabilidad entendiendo que cuando les das amor también te lo das a ti y cuando los presionas sólo consigues alejarlos de tu luz.

Hay una frase que me encanta para cerrar este capítulo. Su autor, Robert Louis Stevenson, escribió *La isla del tesoro* y *El extraño caso del doctor Jekyll y Mr. Hyde*, y de este último libro nace esta maravilla de frase: «Quiéreme cuando menos lo merezca, porque será cuando más lo necesite».

Así se escribe la historia del amor incondicional, pues amar a quien te ama, a quien lo merece, es sencillo. Dale la vuelta a la ecuación y encontrarás el amor más verdadero.

Por último, te regalo este poema del poeta libanés Khalil Gibran, que, aunque nunca tuvo hijos, resumió con extremada belleza la verdad sobre este regalo que es tener hijos:

Tus hijos no son tus hijos,
son hijos e hijas de la vida,
deseosa de sí misma.
No vienen de ti,
sino a través de ti,
y aunque estén contigo,
no te pertenecen.
Puedes darles tu amor,
pero no tus pensamientos,
pues ellos tienen sus propios pensamientos.
Puedes abrigar sus cuerpos,
pero no sus almas,
porque ellas viven en la casa del mañana,
que no puedes visitar,
ni siquiera en sueños.
Puedes esforzarte en ser como ellos,
pero no procures hacerlos semejantes a ti,
porque la vida no retrocede ni se detiene en el ayer.
Tú eres el arco del cual tus hijos,
como flechas vivas,
son lanzados.
Deja que la inclinación,
en tu mano de arquero,
sea para la felicidad.

Deja de comprarles
a tus hijos cosas
que no tuviste
y enséñales cosas que
no aprendiste.

23

EL PODER DEL SENTIDO DEL HUMOR EN LAS RELACIONES DE PAREJA

¡Qué maravilla que ya estemos en el capítulo del amor y las relaciones! La verdad es que tengo un libro entero que habla sobre el amor y en él expreso muy claramente cómo veo las relaciones y la importancia de conocerse en las relaciones románticas para no sufrir gratuitamente. Se titula *El pequeño libro del amor* y es una cajita de herramientas maravillosa. Lo puedes adquirir en librerías o a través de la web.

Empecemos por un concepto importante: ¿sabes cuál es la diferencia entre dolor y sufrimiento? ¿Has oído hablar alguna vez del pensamiento budista que dice que el dolor es inevitable, pero el sufrimiento es opcional? El dolor es evidencia, ocurre; te duele que te dejen, que se marchen, que te traten mal o lo que sea que duela. Entonces, ¿qué es el sufrimiento? Pues sufrimiento es el tiempo que tardas en aceptarlo y aprender de ello. A todo ese tiempo en que rumias y te apegas al dolor o simplemente no sabes cómo dejarlo ir lo llamamos sufrimiento. El dolor puede no irse en el momento —es más, estoy convencido de que es así—, pero se trata de no recordártelo constantemente, pues entonces, como te digo, se convierte en sufrimiento. La aceptación es, básicamente, la esencia de una vida plena y feliz, pues la resistencia es dolencia y aquello a lo que te resistes persiste. Te lo dice un enamorado de la vida, aunque a veces duela.

Desde muy niño he pasado malos ratos a causa del amor romántico, por no saber cómo gestionarlo y por tomármelo demasiado en serio. Ésta es otra de las asignaturas pendientes en educación: ¿quién nos enseña sobre el amor romántico? ¿Tomamos el ejemplo de nuestros padres? En mi caso no veo mucho donde rascar, aunque también se puede aprender de los errores de nuestros ancestros.

Lo primero es saber que somos el amor que entregamos y que *a priori* no necesitamos ser amados para sentir amor, aunque sin duda el amor que recibimos es esencial para una vida plena y feliz. Me explico: tú ya eres amor y puedes sentir el amor que eres si dejas de mirar hacia fuera, es decir, si dejas de creer que el amor que llega de fuera es el que necesitas para ser feliz. Si no tienes eso claro, creerás que tiene que venir alguien de fuera para completarte. Ja, ja, ja, por Dios, ni que fueras un puzle o Mr. Potato. No hay medias naranjas, no hay mitades; estamos completos y quien venga, que sea para compartir.

Vamos a poner un poco de claridad en este asunto, y para ello vamos a hablar de ese gran protagonista que es el personaje egoico. El ego se sintió desvalido y al nacer buscó sustituir el amor que eras por uno que te dieran otras personas, pero es que el ego no sabe que tú ya eres y que el ser no necesita nada porque ya lo es todo. Si aprendes este principio básico, entenderás mejor las relaciones románticas: sólo quien se ama primero a sí mismo puede amar después al resto.

Sin embargo, nadie nos ha enseñado a amarnos. Hemos crecido pensando que amaríamos a otras personas a cambio de ser amadas por ellas, es decir, un amor totalmente condicionado, y claro, llega un momento en que, además, siendo criaturas tan apegadas, cuando llega algo o alguien que nos enamora queremos poseerlo y que dure para siempre y ¡zasca!, otro batacazo, porque eso nadie te lo garantiza y, además, no es obligatorio. El amor vivido no necesita para siempre, pues existe en el momento en que sucede.

Si piensas en las primeras veces que te enamoraste, o más bien que te enajenaste por alguien, te darás cuenta de que la ceguera te pudo llevar a no ver sus defectos o sus carencias, quizá ni siquiera los tuyos, y ahí entra el principio básico de las relaciones: para poder tener una relación hermosa has de saber diferenciar lo que te gusta de lo que te conviene.

«Es que me gusta mucho.» Sí, lo sé por tu cara de panoli, pero no te conviene porque está en otro momento de su vida, porque vive lejos, porque tiene hijos, porque es cazador y tú vegana, porque fuma y tú haces *crossfit*, porque ambos sois muy jóvenes o porque es más terrenal que un poste de la luz y tú estás elevada como un mirlo por las meditaciones y todo el trabajito de consciencia que llevas a las espaldas. También puede pasar que ninguno de los dos esté listo para ofrecer nada sano en una relación, y entonces toca curarse antes.

Si estás disponible para el ajetreo y la confrontación, recuerda que todo lo que nos sucede en la vida tiene su para qué y su importancia en el ámbito del aprendizaje. Por lo tanto, si somos conscientes de ese camino de bello aprendizaje que es la relación de pareja, la vida nos traerá personas para que podamos crecer. Cada relación puede ser un bonito lugar para aprender y sanar si te encuentras en un estado de consciencia plena, si permaneces en el mismo lugar en vez de salir huyendo a la primera de cambio. Esto no quiere decir que te quedes en una relación que no te aporta, pero sí que tengas presente que las relaciones son lugares de aprendizaje y que, si no aprendes de ellas, las plagiarás y volverás a vivir lo mismo una y otra vez.

Los jóvenes a veces empiezan a salir muy pronto y no han tenido tiempo para conocerse a sí mismos, que es el secreto de la vida. Lo más bonito que he descubierto en este camino y que puedo aportarte es lo siguiente: conócete primero, compártete después. Si esos jóvenes no tienen bien ubicado el amor, puede que lo busquen en cualquier lado y que paguen un precio desmesurado por ello.

Si tienes la oportunidad, ve a ver la obra de teatro *No sólo duelen los golpes* de Pamela Palenciano, un relato poderoso y certero de cómo el amor mal entendido acaba en maltrato y condiciona duramente nuestra vida. También la tienes disponible en internet para verla; no es lo mismo, pero el mensaje se entiende y es revelador para comprender la importancia de la educación en estos ámbitos. Enseñamos álgebra, química, historia, lenguaje..., pero no las matemáticas de la vida para comprender lo que suma y lo que resta; no la química del amor, que a veces nos une a relaciones dolorosas; no la historia viva de la evolución para entender por qué nos sentimos como nos sentimos, ni tampoco el lenguaje en la comunicación no violenta en ambos sentidos: de ti para ti y de ti para los demás. Todo eso no se enseña en los colegios y por eso toca aprenderlo fuera, en la vida y a base de palos en muchas ocasiones, pero puedes empezar a cambiarlo desde ya. Bueno, ya lo estás cambiando, pues leyendo este libro seguro que algo aprendes, por lo menos lo que yo ya he aprendido. También puedes venir a verme a mis formaciones, a los teatros y a los directos, o asistir a los de cualquier persona que te inspire.

Es fundamental saber desde dónde nos relacionamos: ¿lo hacemos desde la abundancia o desde la carencia? Si tenemos heridas y carencias buscamos quien nos las cure y nos complete, pues creemos que nos falta algo y, además, tendremos miedo a perder eso que creemos que necesitamos. ¿Sabes cuántas personas han perdido al amor de su vida por miedo a perder al amor de su vida?

El amor de tu vida eres tú y cuando tengas eso claro y lo interiorices bien podrás aventurarte al juego romántico. Sí, he dicho juego, porque cabe la posibilidad de que pierdas, incluso teniendo todo aprendido y sanado. Puedes perder si la otra parte evoluciona de un modo distinto y los caminos se alejan, pero la diferencia es que si tú tienes un buen nivel de consciencia y herramientas apropiadas, el dolor se minimizará, el sufrimiento durará menos y el perder se transformará en aprender.

Piensa en las relaciones como en todo en esta vida: un camino de aprendizaje. Busca compartir con quien te haga reír, soñar y crecer, siempre desde el amor que tú ya eres. Habla y exprésate siempre desde ahí; no hay que dar nada por sentado, no adivines ni supongas y no te tomes las cosas de forma personal. Todo es una cuestión de perspectiva y narrativa. Me han salido los cuatro acuerdos toltecas sin darme cuenta, je, je, je. (Si no los conoces sigue leyendo que más adelante los vas a descubrir.) No tengas prisa, trabaja el desapego y luego el no apego y, como dijo Jesús de Nazaret, ama al prójimo como a ti mismo, ni más ni menos.

Recuerda que en el cine se han contado muchas historias absurdas de cómo debería ser una relación de pareja. He de reconocer que me encantan las comedias románticas y siempre soñé con vivir una historia así —de ahí mi desespero en ocasiones—, pero no hay que olvidar que es ficción y que sólo se muestran las escenas cruciales. Te pierdes muchos detalles, porque a veces esa persona no vuelve a buscarte, otras te dejan por un amigo, no suenan violines cuando la besas y, sobre todo, no siempre se tiene buena cara y el pelo en orden al levantarse. No obstante, en este momento me cuesta escribir esto porque estoy viviendo mi peli romántica particular con una mujer maravillosa y, aunque hay obstáculos que sortear, el camino tiene más rosas que espinas.

También en la música se ha creado un negocio con el amor y, sobre todo, con el desamor, pues las canciones cuentan historias irreales y dolorosas de personas que dicen que se mueren por conocerte; que sin ti no son nada; que si tú les dices «Ven», lo dejan todo; que si tú no vuelves no habrá esperanza ni habrá nada. «Me faltan las fuerzas, ha sido muy tarde, de alguna manera tendré que olvidarte…» Qué manía con desmerecerse uno para demostrar que se ama a alguien, ¿no?

A todo el mundo nos gusta sentir amor, atención, cuidados, respeto y ser personas felices y acompañadas por otras para las que seamos importantes, pero ¡cuidado con el precio que has de pagar! Quizá sea más alto que el valor de lo que recibes. El amor romántico no funciona como una moneda de cambio. Sé que parece complicado entenderlo de forma incondicional, pero es así como vivirlo será más bello y menos conflictivo. Tengo una amiga que decía una frase maravillosa y que encaja perfectamente para definir el amor incondicional: «Yo quiero para ti lo que tú quieras para ti, aunque lo que tú quieras para ti no sea yo».

Para afrontar una relación romántica consciente primero hay que ser consciente, y no existen las certezas ni las verdades absolutas, pues la vida es correr riesgos constantemente para aprender y crecer. Ponte en modo aprendiz y recaba información para instruirte; aprende cómo sentir el amor y tus relaciones te llevarán a crecer y disfrutar. Te recomiendo el libro *La maestría del amor*, de Miguel Ruiz, autor también de *Los cuatro acuerdos*, y, por supuesto, *El pequeño libro del amor*, de un autor muy bonito y cualificado de nombre Angelito Rielito, ja, ja, ja.

Hazlo todo sonriendo, aléjate del drama, porque al ego/mente le flipan los culebrones y por eso se ha tergiversado tanto el concepto del amor romántico. A veces se vive desde un lugar muy arcaico: por ejemplo, para expresar y demostrar a la persona amada que la amas has de aparentar que no puedes vivir sin ella, que te falta el aire, que no eres nadie y que es ella quien da sentido a tu vida. Madre del amor hermoso, ¿puede ser más absurdo? Tremenda responsabilidad que le estás calzando al otro para su camino de vida. ¿O sea que sin mí no eres nada? ¿Si me voy te mueres? Pues ya la hemos liado, porque cabe la posibilidad de que un día me vaya y entonces te vas a quedar sin vida. Estoy bromeando, pero si lo analizamos bien, son actitudes muy tóxicas que incluso pueden dañar nuestra integridad psicológica y emocional.

Otra cosa que se hace es dar y pedir exclusividad, y no sólo en la parte física, sino también en la emocional, pues el miedo hace que crezca tu inseguridad. Los celos son una carencia absoluta de autoestima y amor propio, ni más ni menos, y generan inseguridad y complejo de inferioridad, porque piensas que no eres suficiente para esa persona y que hay alguien que le aportará algo que le gustará más que lo que tú le puedes dar. Ése es otro gran error, pues si alguien se tiene que ir, se irá, por mucho que tú seas el sumun de la perfección.

Mis últimas cuatro parejas se fueron por voluntad propia de mi lado, y créeme cuando te digo que no había problemas entre nosotros (me refiero a infidelidades, discusiones o grandes dramas). Los problemas o las circunstancias las tenían ellas, pues no hay problemas en las relaciones; los problemas los tenemos las personas. En estos casos sus conflictos y aprendizajes las llevaron a alejarse y a tomar otros caminos en vez de quedarse y afrontarlos, aunque ya sabemos que todo suma y la verdad es que agradezco su despedida. Durante algún tiempo mi ego me incitó a sentir ira, rencor, dolor y tristeza por lo sucedido, pero gracias al humor y al amor aprendí que su marcha fue un regalo y les estoy tremendamente agradecido por haberse ido.

Cuando le conté a mi amigo Cipri Quintas, en 2014, que me había quedado sin pareja me dijo: «Qué liberación, ¿no?». Tuve que reírme a pesar del meneo que llevaba por dentro. Entonces surgió la idea de ponerle humor al drama y se me pasaron por la cabeza algunos pensamientos: «Cuando pienses que has perdido a una mujer o a un hombre, piensa también que has ganado a todos los demás», o «Me rompieron el corazón en mil pedazos, pero ahora puedo amar a mil personas un poco más». La vida es una cuestión de narrativa, así que dejé de contarme que mis cuatro últimas parejas me habían abandonado para relatar que esas cuatro personas con las que había compartido vida me habían dejado el camino libre para que me convirtiera en una mejor versión de mí. Es la misma situación, pero vivida de otro modo y observada desde la aceptación. ¡Que por amor no se muere nadie! Se te quitan las ganas de vivir un ratito, pero no te mueres, ya te lo digo yo, que aquí me tienes vivito y coleando, divino y canturreando, con muchas cosas aprendidas y amando de un modo sano y equilibrado.

Cuando tienes fe y crees en la voluntad de Dios (la vida, el universo, Tao...) entiendes que todo es como debe ser y que si vino es para ser bebido. Perdón, digo que si vino es para ser vivido, es que he escrito «vino» y me ha salido beber, ja, ja, ja.

Recuerdo un día en terapia con Ana Asensio, mi psicóloga, en que andaba quejándome porque llevaba mucho tiempo sin pareja y con ideas absurdas sobre si tenerla o no sería imprescindible para mi equilibrio. Ella me miró con mucha ternura y me dijo: «Deja de buscar, deja de esperar. La mujer que te acompañará vendrá ella solita y será como tú la sueñas: artista, divertida, hermosa, amorosa... y, además, será ella quien te pedirá salir». Sonreí y pensé en lo buena que es mi amiga, como amiga y como terapeuta. ¿Sabes qué sucedió? Que un tiempo después su profecía se cumplió: esa mujer apareció, me buscó y me invitó a salir, a cenar y a bailar, y así estamos desde entonces, conociéndonos, aprendiéndonos y amándonos.

En fin, que para poder tener una buena relación de amor romántico hace falta, como ya sabes, confianza, voluntad y estar preparado para el aprendizaje. Esto conlleva grandes dosis de humildad y, por supuesto, mucho humor, que es muy importante para relativizar las cosas y para conectar con la energía del amor y crear una relación santa. Reírse juntos es un maravilloso comienzo y un escenario en el que el amor se siente muy cómodo.

Gracias a Dios y a confiar en su sostén hoy en día vivo en ese lugar de relación santa y puedes creerme cuando te digo que no hubo búsqueda, sólo fe; no hubo anhelo, sólo confianza. Si, por el contrario, ya estás en una relación, abre el corazón y escucha a tu alma y sabrás qué decir y qué hacer, pues son dos voces que pocas veces fallan.

No pienso perder
la vida para poder
seguir viviendo.

24

EL PODER DEL SENTIDO DEL HUMOR EN LA COTIDIANIDAD

Empecemos desarrollando algunos conceptos del humor para luego poder trabajar con ellos:

- **Risa**: es la expresión facial, sonora y física de la diversión y la comedia que se genera en nuestro ser. *Risa* es liberación, limpieza y serenidad.
- **Comicidad**: es la herramienta mental que se desarrolla en el cerebro para relativizar los errores, para conectar con nuestros semejantes y sanar heridas. No hay que comprarla o aprenderla, sólo descubrirla, ya que es una herramienta cognitiva que tenemos todos los seres humanos.
- **Sentido del humor**: se refiere a cómo entiendes el humor, cómo le das sentido a tu vida a través del humor, cómo lo entrenas y cómo creas escenarios para su disfrute.
- **Simpatía**: es un don muy recomendable para incluir en tu personalidad y no es sólo cuestión de genética: la personalidad también se forma con voluntad y aprendizaje.
- **Alegría**: es un estado emocional y de consciencia muy elevado mediante el cual sentimos gozo, pleni-

tud y felicidad. La alegría suele asociarse a hechos externos, pero ya sabemos que lo externo sólo es el reflejo de nuestro interior, por lo que el verdadero propósito debería ser vivir con alegría y generar alegría de forma natural. De ese modo podemos compartirla y vibrar con amor.

Cabe la posibilidad de que estés pensando que no es tan fácil, que es complicado y otras excusas y pretextos que la mente egoica trae al frente para alejarte de tu propósito. Los conceptos de fácil y difícil se transforman con el entrenamiento y la práctica. Por ejemplo, cuando ves a alguien haciendo malabares o equilibrismo y piensas: «¡Qué difícil!». Sin embargo, ten en cuenta que a quien lo hace le resulta muy fácil, porque ha practicado mucho y la práctica genera confianza y disuelve la dificultad. Sucede lo mismo cuando escuchas a un músico tocar su instrumento. Esto se debe al principio de la maestría: si quieres ser maestro en algo, físico o emocional, te toca creer y practicar. De la misma forma, la práctica y el entrenamiento te harán experto en cualquier otra disciplina a la que te dediques, como, por ejemplo, el drama, la queja, el enfado o el caratruñismo. Apúntate este concepto: esto de ser feliz, de alcanzar la vida plena, de encontrar la calma, es cuestión de entrenamiento absoluto y diario y eso empieza contigo, en tu hogar y en tu vida más íntima. Sería como el efecto Rielo del día a día para desarrollar un método aplicable en la vida cotidiana y mejorar tus relaciones personales.

¿Has oído alguna vez la frase «La risa es la distancia más corta entre dos seres humanos»? Me parece todo un ¡bum! que hay que entender e interiorizar de inmediato y una verdad como un templo, ya que si tú vas por la calle, miras a alguien y esa persona te sonríe, ya estáis conectados. Si le devuelves la sonrisa, perfecto; si le pones cara de truño, pues hasta luego, Mari Carmen. Del mismo modo, puedes ser tú quien sonría y puede que te venga de vuelta el caratruñismo, pero eso no debe cambiar tu intención. Hay una frase maravillosa de Bob Marley que dice: «Deja que tu sonrisa cambie el mundo, pero no dejes que el mundo cambie tu sonrisa». No sabemos si ese día se había fumado algo, pero el mensaje es precioso. La cuestión es que la sonrisa es un conector de personas muy eficaz y produce una sensación de calma, de cercanía y de confianza tan sublime que sólo quien está instalado en el ego es capaz de ignorarla.

En este capítulo estamos hablando de cómo implementar el sentido del humor para tener una vida plena en el ámbito personal, en tu vida cotidiana. En primer lugar, y como ya he contado en otros libros, vamos a revisar cómo interactúas con la vida. Analiza tu vida fijándote en cositas importantes, en los hábitos y las costumbres de tu día a día. Vamos a ir punto por punto. Esto es importante: cuando duermes todo parece detenerse, pero sólo es tu cuerpo el que descansa; la mente sigue operando y por eso, entre otras cosas, sueñas o incluso tienes pesadillas. Por eso es importante dormir y descansar bien y vigilar el uso de pantallas y la alimentación un par de horas antes de irnos a dormir.

Luego comienza el día dirigiendo tu energía, canalizando tu actitud hacia donde quieras ir. Tú mandas, así que olvídate de los argumentos baratos del tipo «es que es muy difícil», «yo por la mañana no soy persona hasta que no me tomo un café», «es que madrugo mucho, yo tengo mis ritmos…». Todo eso son excusas, así que céntrate y toma decisiones, porque eres tú quien decide el cómo, el qué y el cuándo.

Te propongo un ejercicio: nada más despertar, conecta mediante la meditación con el agradecimiento por seguir viviendo y por todo lo que tienes. Siéntate en la cama, pon una buena sonrisa y da las gracias por lo que tienes (ya sabes que siempre hay que centrarse en la abundancia y no en la carencia). Es muy importante sonreír. Sí, esbozar una gran sonrisa, o mira, me vale con una pequeña, pero recuerda que cuando sonríes el cerebro interpreta que estás bien y libera sustancias como endorfinas, serotonina y otros analgésicos naturales que ayudan a obtener una sensación de bienestar y a reducir los niveles de dolor y estrés. ¿Se te ocurre una manera mejor de empezar el día?

Un día comienza como tú decidas que empiece, y ese inicio marcará el rumbo del resto de la jornada. Si te dedicas los primeros instantes, minutos, horas o lo que puedas del día y te centras en cuidarte, luego podrás enfocarte en todo lo de fuera. Si lo haces al revés, si nada más empezar el día confundes lo urgente con lo importante y te pones a mirar el móvil o le dejas a la mente vía libre, puede que tu día sea un carnaval de desajustes y que te cueste mucho más esfuerzo remontarlo.

Piensa que la mente es como un ordenador y que si no le das tareas a veces las lleva a cabo en segundo plano; es decir, ella nunca para y, si no la diriges, actúa por su cuenta. Si no le das cositas nuevas y buenas para entretenerse, puede que el ego que nunca duerme le mande un wasap y te cuele algún pensamiento intrusivo que te inquiete y que ponga en peligro todo el equilibrio que hay en ti. Es decir, que si no hay órdenes concretas la mente puede tirar de carpetas antiguas, y lo antiguo es sólo para verlo en los museos.

Acuérdate de que vivir hoy es imprescindible para poder ser en plenitud. Ejercita un poco el cuerpo, regálate un tiempo de lectura, desayuna sano y aguanta lo máximo que puedas antes de tomarte el primer café, si es que lo tomas. Dale tiempo, pues conviene esperar al menos una hora —y mejor si son dos— para tomar el primer café del día cuando hayan bajado los niveles de cortisol. De este modo podrás aprovechar todos los beneficios de la cafeína y reducirás el estrés.

Márcate unos propósitos, vuelve a sonreír mirándote al espejo y ponte una música que te guste. Pueden ser mis canciones, por ejemplo; la gente dice que son divertidas e inspiradoras y, además, las puedes escuchar gratis en Spotify y en YouTube, pero también pueden ser las que a ti te gusten y hagan que el cuerpo y el alma bailen.

Luego sal al mundo con la sonrisa puesta y que el humor te acompañe siempre. Recuerda que no hace falta que seas profesional de la comedia; practicar la simpatía y regalar sonrisas es suficiente. Pruébalo y verás el resultado, aunque al final el resultado nos da igual, ¿no?

25

EL PODER DEL SENTIDO DEL HUMOR EN EL TRABAJO

En primer lugar, me gustaría contarte un pequeño detalle sobre la palabra *trabajo*, que deriva directamente del latín *tripalium*. El *tripalium* o tripalio era una especie de cepo o instrumento de tortura compuesto de tres maderos donde los reos sufrían el tormento. Ahora ya entiendes por qué a veces resulta un tormento ir a trabajar.

Por otro lado cabe recordar que la gente que trabaja en las empresas, los comercios y las instituciones son seres humanos. ¡Oh, qué revelación! No habíamos caído en ese detalle. Pero sí, no sólo son gente que trabaja; son personas sintientes y, por lo tanto, llevarán al ámbito profesional lo que viven en su vida personal. Por este motivo, cuando alguna empresa contrata mis servicios, ya sea en forma de talleres, conferencias o el gimnasio de las emociones, siempre les recuerdo que no hablo con empleados, sino con personas.

Pasamos mucho tiempo trabajando. La verdad es que con esto también nos han tomado el pelo un poco, ¿no te parece? Se le ha dado tanto peso al trabajo que parece que sea lo más importante, y realmente lo es, pero no sólo el trabajo que llevamos a cabo fuera, sino también, y sobre todo, el trabajo interno. Me explico: el sistema capitalista nos domestica con el propósito de que seamos parte activa en su crecimiento y así poder aprovecharse de nosotros. La Revolución Industrial despobló el campo y reventó las ciudades; gente que vivía en la naturaleza y sin prisa acabó hacinándose en ciudades y trabajando en industrias en las que los veían sólo como un número y como personas que podían producirles beneficio, pero que les importaban un rábano. Nos han ido grabando mensajes como que el trabajo dignifica, han explotado al trabajador y lo han manipulado sin consideración alguna. Menos mal que todo eso está cambiando y ahora cada vez más empresas se crean de forma consciente y buscan la felicidad en el trabajo, aunque aún queda mucho trabajo, valga la redundancia, por hacer.

La cosa es que vas a trabajar, y no ser feliz haciéndolo es una mala experiencia. ¿Cómo podemos mejorar esa experiencia? Aprendiendo y aplicando el efecto Rielo desde el sentido del humor, y mira qué casualidad: este libro habla de eso.

Al principio aparecerán las resistencias del ego: «Uf, en mi trabajo no se puede», «Mi jefe es un cenutrio», «Mi jefa no me entiende», «No es tan fácil»... Todo son, de nuevo, excusas, y, como verás, si sólo echas balones fuera, nada cambiará. Si realmente es imposible ser feliz en tu trabajo, la respuesta es sencilla y clara: cambia de trabajo. Entonces aparecerá de nuevo el ego: «No es tan fácil», «Soy muy mayor», «La cosa está muy complicada». Tú solito te montas la película y te pones las limitaciones. Pero bueno, para entender esto hay que entrenar bien y elevar el nivel de consciencia; de lo contrario te limitarás a la razón y sólo buscarás argumentos razonables para quedarte donde estás.

¿Y qué es el nivel de consciencia? Los humanos podemos transitar entre dos energías, el poder o la fuerza, y entre ambas se calibra nuestro nivel de consciencia. Hay un libro que trata sobre ello que te recomiendo leer: *El poder frente a la fuerza*, del doctor David R. Hawkins. El poder es amoroso y amable, mientras que la fuerza es dolorosa y decepcionante. Hacer las cosas desde el poder es hacerlas sin forzar, sin agotamiento; en cambio, hacerlas desde la fuerza es todo lo contrario.

Se dice que en la vida hay tres etapas:

INOCENCIA - IGNORANCIA - CONSCIENCIA

La **inocencia** corresponde a cuando no sabes nada y todo es aquí y ahora desde el amor, es decir, durante la infancia.

La **ignorancia** ocurre cuando sabes cosas que no son verdad, pero te las has creído y, como consecuencia de ello, sufres o haces sufrir. Es un estado de inconsciencia o adormecimiento.

La **consciencia** aparece cuando has despertado y ves con claridad lo real y lo falso. En este caso hay un término medio anterior, que sería ser consciente de tu inconsciencia.

Hay quien nace en la inocencia y muere en la ignorancia y luego estás tú, que estás leyendo este libro y vas a dar un saltito cuántico hacia el despertar y la elevación del nivel de consciencia. Dependiendo de dónde estés, así verás la vida y las cosas que te trae. Por lo tanto, esto te sirve tanto si eres trabajador como si eres jefe, e incluso si eres emprendedor y sufridor (es decir, autónomo).

Te propongo que hagas un poco de trabajo en tu interior para que todo pueda mejorar fuera. Ese trabajo interno te ayudará a acercarte a un estado de consciencia más elevado y, por tanto, a estar más cerca de la comprensión y más lejos del juicio. Esto quiere decir que aceptarás los hechos sin juzgarlos, de modo que habrá menos sufrimiento y más armonía.

Éstas son sólo unas pequeñas claves para aplicar el efecto Rielo en el trabajo si realmente quieres crecer en este campo, bien como directivo, bien como empleado. Sea como sea, conviértete en «GEFE» (sí, con ge), pues se trata de ser gestor de felicidad, y para conseguirlo el sentido del humor es esencial. En este último año muchas empresas me han contratado para impartir talleres sobre gestión emocional, y el gimnasio de las emociones ha llegado también a colegios y universidades, y es que mediante la risa y la comicidad se genera un ambiente de trabajo y de aprendizaje mucho más ameno y eficaz.

En resumidas cuentas, si tu vida ya está definida por un cuidado personal y guiada por el equilibrio que aporta el humor, te darás cuenta de que todo se recoloca y que, con confianza, perderás el miedo a perder.

Si estás en el lado de quien trabaja para otros, agradécelo y, si hace falta, pon límites y busca algo mejor, un trabajo en el que te sientas más en paz. Si tienes gente trabajando para ti, pon atención en escucharlos y procurarles un ambiente de trabajo amoroso y cordial. Si trabajas por cuenta propia, recuerda que tienes libertad, pero también incertidumbre. Sea como sea, se trata sólo de trabajo exterior y se verá gratamente beneficiado por tu trabajo interior.

26

EL PODER DEL SENTIDO DEL HUMOR EN LA MÚSICA

Qué bello es saber que la risa es la medicina del cuerpo y del alma, pues es sanadora en los dos ámbitos. Otra maravilla que sana mucho es la música. Es como la banda sonora de tu vida y, si la sientes y disfrutas, te lleva al nirvana incluso escuchando a Nirvana.

¿Qué pasa si mezclamos humor y música? Pues que el lío está garantizado, la fiesta está montada y la alegría se apodera del momento.

El humor siempre ha estado presente en la música, o más bien podríamos decir que la música siempre ha estado presente en el humor. Los payasos más divertidos y potentes solían ser también buenos músicos y usaban la música como una maravillosa herramienta de acompañamiento para sus rutinas. Mis amados Gaby y Miliki tocaban el saxo y el acordeón, y recuerdo que de niño me emocionaba cuando llegaba esa parte del programa.

También encontré grandes toques de humor en la comedia cuando empecé a descubrir a cómicos españoles que imitaban muy bien a cantantes. No obstante, el verdadero punto de inflexión fue cuando descubrí los carnavales de Cádiz y sus chirigotas. Ahí sí que vi verdadero talento para unir música y humor, también con toques de protesta y emoción. Creo que de ello obtuve mucha información y herramientas para crear humor y unirlo a la música.

En el año 1986 me propusieron ser el cantante de una banda de rock en Marbella y, ni corto ni perezoso, accedí. Todo mi conocimiento musical se basaba en que era DJ y locutor de radio y que me encantaba la música, pero no tenía ni idea de corcheas, notas, estrofas o estribillos. Eso sí, tenía una guasa en el cuerpo que no se podía aguantar y de ahí surgió el humor para crear unas canciones, un estilo y una puesta en escena que nos llevaron a grabar dos discos y a hacer cientos de conciertos durante varios años.

El humor y la música se llevan bien, lo cual se evidencia en muchos musicales estadounidenses que nos hicieron disfrutar en su momento y en muchas películas inolvidables en las que el humor se convertía en un aliciente maravilloso para mover a los personajes y darles vida.

En España surgieron algunas bandas que usaban el humor como elemento de sostén para su puesta en escena, como, por ejemplo, Los Toreros Muertos, con mi buen amigo Pablo Carbonell, que, por cierto, venía de crear un dúo cómico con otro compañero maravilloso, Pedro Reyes. Pepe Begines formó No me pises que llevo chanclas en Dos Hermanas (Sevilla) y arrasó con su humor y sus letras pegadizas. Desde Valencia, Los Inhumanos se reían del mundo con una canción que sólo repetía durante doce minutos «*Manué*, no *t'arrime'* a la *paré*, que te *va'* a *llená* de *cá*».

Uno de mis artistas favoritos, por su versatilidad y porque tuve la oportunidad de trabajar con él, es Emilio Aragón —antes conocido como Milikito—, que pasó por todas las disciplinas siendo un cómico impresionante. Como músico, si bien triunfó con canciones como *Te huelen los pies* o

Cuidado con Paloma, acabó dirigiendo orquestas y creando Circlassica.

Lo cierto es que el humor y la música van muy de la mano y, como bien sabes, este libro no pretende sólo hablarte del humor como disciplina artística, sino también como herramienta de sanación. ¿Has estado alguna vez en un karaoke? Si la repuesta es que sí, ya sabes de lo que te estoy hablando. Allí no sólo vamos a cantar e intentar parecernos a nuestros artistas favoritos, sino que las risas están garantizadas, pues siempre surge la comedia cuando alguien intenta llegar a un tono imposible o cuando descubres que tu jefe tiene poquita voz pero muy desagradable.

La verdad es que lo importante es disfrutar, reírse y pasárselo bien, sin vergüenza, y eso se consigue uniendo humor y música. Lo cierto es que con el paso del tiempo aprendí a cantar y, aunque mis espectáculos son de comedia espiritual, también tienen algo de musical, porque la música amansa a las fieras y el humor nos hace la vida más dulce, pero sin hacernos engordar.

27

EL PODER DEL YOGA DE LA RISA

Seguro que has oído hablar del yoga postural o del Bikram yoga, ése que se practica a temperaturas infernales (o, bueno, como en el Caribe en verano, que eso del infierno es más una licencia poética que otra cosa). También existe el yoga con animales (con ovejas, por ejemplo), que debe de ser muy relajante si las vas contando. La cosa es inventar, pero si el invento funciona, pues bienvenido sea.

Descubrí el yoga de la risa como muchas otras cosas en este camino de crecimiento: gracias a personas maravillosas que me traían regalos. Los primeros talleres que impartí se denominaban «En busca de la felicidad», y un día un pasajero de uno de aquellos barcos donde empezó todo me dijo: «Enhorabuena por la terapia que nos has dado, Rielo, ha sido toda una *rieloterapia*». Se me iluminó la carita y la lucecita creativa que Dios me regaló al nacer y, con su permiso, les cambié el nombre a los talleres, y no sólo eso, sino que mi primer libro también acabó llamándose así. Por si te estás preguntando cómo conseguirlo, te diré que está agotado, pues fue una autoedición.

En otra ocasión, tiempo después, al terminar un taller se me acercó una pasajera mexicana y me dijo: «No mames, wey, me encantó su plática. Yo siempre ando repartiendo alegría y felicidad. ¿Sabes cómo me llama mi mamá? Felicióloga». Me quedé en *shock* y le pedí por favor si podía usar el término, y fue así como adopté ese concepto que luego daría pie a la creación de la feliciología, que es la ciencia que estudia la felicidad desde el plano más holístico y natural para poder explicarla con facilidad. Consiste en recopilar herramientas de gestión emocional y usarlas en la construcción personal de cada estado de felicidad. Jolín, ¡qué rollo te he soltado! Básicamente la feliciología es una filosofía de vida inspirada en la sabiduría universal, pues todo lo que compartimos ya está ahí, ya se ha conversado sobre ello y ya lo han expresado muchos escritores, pensadores, filósofos y profetas. Lo que siempre he hecho ha sido filtrarlo para que cualquier persona con ganas de aprender pudiera entenderlo. También usé el discernimiento para comprender mejor esto de la vida, el ser y la felicidad.

Vamos al grano. Esta maravilla llamada «yoga de la risa» también apareció en mi vida de un modo mágico y de la mano de una persona que me habló de sus virtudes y me encantó la propuesta. El yoga de la risa nació en 1995 en Bombay de la mano del doctor Madan Kataria. Se trata de una práctica de meditación sin ánimo de lucro que comprende ejercicios de respiración y risa. En la actualidad existen miles de clubes de la risa en alrededor de cien países.

El yoga de la risa es un concepto que se basa en la premisa de que cualquier persona puede reír sin un motivo concreto, sin necesidad de chistes, cómicos, humor ni comedias. El cuerpo no es capaz de identificar si una risa es real o fingida, de modo que se genera la emoción a partir de la ficción. Es el resultado de unir los ejercicios de respiración propios del yoga o la meditación con otros que provoquen la risa. En definitiva, se trata de reír, bailar, jugar, cantar… ¿Te suena?

En esta práctica la risa se plantea como un ejercicio corporal, mediante un sistema cuya finalidad es que la persona se ría de forma constante entre quince y veinte minutos. Es un método fácil de seguir y cualquier persona puede ponerlo en práctica, independientemente de su estado de ánimo, aunque se recomienda especialmente en casos de estados anímicos más bajitos.

La sesión de risa se inicia como un ejercicio grupal, pero con el contacto visual y una actitud pueril y traviesa enseguida se convierte en una risa auténtica y contagiosa. De este modo se alcanzan los beneficios fisiológicos, bioquímicos y psicológicos que se le atribuyen al acto de reír.

BENEFICIOS DEL YOGA DE LA RISA

- Contribuye a la segregación de serotonina, la hormona del bienestar. La risa no cuesta dinero y es divertida, contagiosa y cura. Es la mejor manera de relajarse y ver la vida de forma más positiva. Con algo tan sencillo y profundo como la risa podemos añadir bienestar a nuestro día a día.
- Eleva los niveles de energía y ayuda a disminuir la tensión muscular. Con la risa aumenta la entrada de oxígeno en el flujo sanguíneo, lo cual mejora la función de los vasos sanguíneos y hace que baje la presión arterial. Por este motivo las dinámicas del yoga de la risa son protectoras para el corazón y contribuyen a aumentar la energía, rebajar el estrés y favorecer la concentración.
- Atenúa las emociones negativas. Cuando nos reímos el cuerpo libera endorfinas, que tienen una gran

afectación en la bioquímica del cerebro y del sistema inmunitario. Estas sustancias actúan como analgésicos contra el dolor y el malestar, puesto que contribuyen a que disminuyan los niveles de cortisol, la hormona del estrés.

¿Qué te parece? ¿Te animas a probar unos ejercicios? Recuerda que el objetivo es convertirse en risa.

Empecemos haciendo una afirmación: «¡Yo soy risa!». Repítela en voz alta tres veces como mínimo.

Otro ejercicio que puedes practicar es la risa con vocales. Coloca la mano sobre la frente y di «ja»; luego sobre la barbilla y di «je»; a continuación sobre el pecho y di «ji»; después sobre el abdomen y di «jo», y finalmente sobre el pubis y di «ju». Hazlo a diferentes velocidades y disfruta del proceso. Recuerda que la motivación para estas prácticas es dejar de ponerle razón y liberar la risa que hay en ti, así que dale la duración que creas conveniente a cada ejercicio.

Otro ejercicio que te propongo es la respiración-carcajada. Inspira profundamente por la nariz y al soltar el aire hazlo con la risa abierta («ja, ja, ja»). Repite el ejercicio las veces que creas oportuno.

Puedes compartir estas dinámicas con tu familia o tus amistades y, de este modo, generar un ambiente de alegría y felicidad. Únelas a juegos y bailes y el resultado será una jornada maravillosa de diversión y limpieza energética.

Te invito a que veas uno de los talleres de yoga de la risa que impartí cuando trabajaba en el barco. Hazlo como si estuvieras allí y quédate con los ejercicios para practicarlos en cualquier momento; son pura magia para liberar tensiones y recomponer el alma. Puedes verlo en mi canal de YouTube.

EJERCICIO: MEDITACIÓN DE LA RISA

Hoy en día el verdadero tesoro, la auténtica riqueza, no está en lo material, sino que reside en la salud mental y el equilibrio emocional. Ten en cuenta que una buena gestión emocional puede evitar a la larga un desequilibrio en la mente, y por eso es tan importante este entrenamiento y la limpieza de tus distintas habitaciones (te hablaré de ello un poco más adelante).

Quizá no te esperabas que en este libro te incitara tanto a la acción, ¿verdad? Pues resulta que sin acción no hay movimiento, sin movimiento no hay crecimiento y sin crecimiento hay aburrimiento, y te juro que no te miento.

No vamos a obtener ningún resultado si siempre hacemos lo mismo, o sin un poco de ejercicio, y por eso te propongo todos estos movimientos. Debes saber, por ejemplo, cómo funciona la química del cerebro y qué beneficios aporta la risa para elevar el nivel de vibración energética y la consciencia.

Para ello te propongo un ejercicio de meditación de la risa. Busca un espacio cómodo y privado; si tiene un espejo, sería ideal. Vamos a meditar a partir de la risa y a convertirnos en ella.

Levanta las manos y, mientras te cuentas los dedos, ve soltando tantos «ja» como dedos cuentes:

1. Ja.
2. Ja, ja.
3. Ja, ja, ja.
4. Ja, ja, ja, ja.

Y así hasta diez, y vuelve a empezar. Céntrate en el ejercicio y notarás cómo van llegando el descanso, el bienestar y la liberación. Puedes ponerte música y, para terminar, báilate una de tus canciones favoritas. El ejercicio puede durar el tiempo que quieras y, como te decía, si lo deseas puedes hacerlo en pareja, con tus amistades, en el trabajo o en familia.

¡Namaste!

28

¿DESCANSAMOS UN RATITO?

¿Mucha información? Vamos a volver a la calma. A veces nos centramos mucho en el intelecto y le damos mucho espacio al pensamiento, lo cual puede jugarnos malas pasadas.

En los últimos años he encontrado caminos maravillosos para poder ser feliz, para entender cómo funciona esta vida terrenal y dónde puedo aplicar mi poder y sentirme dueño de mi sentir. Así he llegado hasta esta información, que es útil, efectiva y maravillosa. Prepárate para conocer un secreto que cambiará el rumbo de tu vida si lo pones en práctica. No obstante, no esperes fórmulas complejas: a veces hay que volver a la simplicidad, a la calma y el sosiego. Por eso en este punto me gustaría saber cómo te sientes. Te dejo estas páginas para que lo expreses de la forma que quieras: escribiendo, dibujando, escupiendo (eso no, por favor…). ¡Dale rienda suelta a tu creatividad! Sincérate: nadie te va a leer, a no ser que se lo enseñes.

Te propongo, además, que te plantees incluir la dinámica de la escritura en tu rutina diaria para poder sentir y recordar lo que aprendes. Escribir, sobre todo si se hace a mano, es enriquecedor. Cada letra que trazamos es diferente a las demás, tiene su propia forma y un dinamismo que la diferencia de las otras letras. Por lo tanto, el cerebro relaciona cada letra con una idea diferente y cuando creamos vínculos entre letras trabajamos la asociación de ideas y de pensamientos, favorecemos la habilidad lógica, la continuidad y el razonamiento vinculado y estratégico. Todo esto suena muy técnico, pero viene a decirnos que lo artesano se hace a mano y que el arte de construirte es mucho más eficaz si se crea de este modo. Así pues, te dejo una página en blanco para que puedas escribir lo que sientes.

Un día decidí
dejar de hablar
con la mente para
hacer reír y empecé
a hablar con el
corazón para hacer
sentir.

QUINTA PARTE

DEL HUMOR AL AMOR

Llámalo Dios,
llámalo Alá,
llámalo Buda,
llámalo universo;
llámalo como quieras,
pero llámalo.

29

RIELIGIÓN, POR EL HUMOR DE DIOS…

Me gustan los juegos de palabras y cambiar las frases hechas por otras que sorprendan. Titulamos el espectáculo teatral *Que la vida merezca… la risa* y ha tenido impacto. También tuve un programa de televisión que se llamaba *Rielity Show*, y así, con la tontería, un día se me ocurrió crear mi propia *rieligión*, basada en el humor de Dios.

Sí, lo sé, nos cuesta entender el concepto de Dios porque nos lleva a las religiones y a todas las creencias limitantes y castrantes que nos impusieron en su momento. Sin embargo, esa apropiación de Dios no tiene por qué limitarnos, al igual que ninguna otra creencia. (Más adelante tienes un capítulo sobre las creencias que te recomiendo que leas con detenimiento.)

Creer en Dios es creer en la vida, en el universo, en el cosmos o en la consciencia universal; en definitiva, en aquello con lo que te identifiques, te impacte y te ayude a darle sentido a lo que a simple vista no lo tiene. Yo prefiero llamarlo Dios; llámame rebelde, pero me gusta ese concepto y lo que significa para mí. Dios es todo lo que no entiendo, pero sé que existe, sé que está, sé que sucede.

Vivimos en un planeta redondo, ¿verdad? Pero no nos caemos. Si la Tierra estuviera un kilómetro más lejos del Sol, moriríamos de frío; si estuviera un kilómetro más cerca, lo haríamos de calor. Hay una biología inmensa, hay vida, hay evolución…, y todo esto ¿qué o quién lo creó? Sea como sea, para mí eso es Dios y es a lo que me encomiendo, pues encomiendo bien no pasarás hambre, ja, ja, ja.

Recuerdo mi primer encuentro con el concepto de Dios. Fue a la edad de seis años, cuando me llevaron a un colegio de monjas sádicas. Espera, que aclaro esto: quizá no todas lo eran, pero esas señoras tenían muy mal genio y eran violentas; les iba el rollo de pegar, castigar y humillar a quienes, en su opinión, se estaban desviando del camino. Como ejemplo te diré que te ponían orejas de burro de cartulina y te paseaban por las clases y todo el mundo se reía de ti. También te castigaban poniéndote con los brazos en cruz mirando a la pared durante horas, e incluso sosteniendo libros en las manos. Te pegaban bofetadas y gustaban de dar pellizcos y tirones de pelo en las patillas. Si eso no es sadismo, explícame tú de qué estamos hablando.

A ese colegio íbamos los cinco hermanos, tres chicos y dos chicas, y la mayor de las dos chicas fue la que empezó todo. Un día una de las monjas le dio una bofetada y ella se la devolvió, supongo que por aquello de no quedarse con lo que no era suyo, ja, ja, ja. El caso es que en ese colegio se hablaba de Dios, pero daba más miedo que otra cosa, y mucho más viendo cómo actuaban las embajadoras de la marca. Sor Paz se llamaba la monja en cuestión. Mal nombre escogió para los hábitos que practicaba. Sor Tortaquetemeto hubiese sido más apropiado.

Lo bueno de aquella época fue que también conocí a Jesús de Nazaret en su niñez, ya que nos enseñaban el «Jesusito de mi vida, eres niño como yo, por eso te quiero tanto y te doy mi corazón. Tómalo; tuyo es, mío no». Le rezaba cada noche a Jesusito y me gustaba saber que era un niño como yo y, además, me sentía muy conectado con él, pues yo era Ángel y los ángeles tienen línea directa con todo lo celestial, ¿no?

Lo que te voy a contar ahora quizá nunca sucedió, o tal vez sí, y es una divinidad absoluta. Un día sor Paz se acercó a agredir a un niño y yo me puse delante y le dije: «A Jesusito no le gusta que nos pegues». Ella se quedó perpleja y, lanzándome una mirada entre asombrada e incrédula, me dijo: «¿Y desde cuándo hablas tú con Jesús?». Yo, inocentemente, respondí: «Desde que nos enseñasteis a rezar cada noche antes de dormir». A partir de ese día aquella monja se volvió más calmada, o eso quiero creer.

No sé cuál es tu relación con Dios ni cuáles son tus creencias, pero sé que, como todo el mundo, anhelas la paz en tu vida, y es que la paz es el estado universal de felicidad. Tomarse la vida con humor, reírse de los miedos y sentir que reír no te aleja de esa paz, sino todo lo contrario, es un regalo.

Decía Facundo Cabral: «Si quieres hacer reír a Dios, cuéntale tus planes». Por si no lo conoces, Facundo Cabral fue un escritor, cantautor y filósofo argentino asesinado por error en el año 2011 y cuya vida y esencia me han impactado mucho desde que supe de él. Sobre la muerte decía que no era muerte, sino que era mudanza, y el concepto que esconde la frase sobre hacer reír a Dios me abre un camino hermoso que une el humor con la divinidad.

Como ya me has oído decir algunas veces, para mí la existencia de Dios es ineludible, y gracias a la fe que pongo en él se obran los milagros, que no son trucos de magia, sino cambios maravillosos en la percepción de las cosas y aprendizajes únicos. Cuando confías en Dios todo es más amable, la vida te sostiene y lo hace con un sentido del humor increíble. Recuerda que tú puedes decidir cómo vivir lo que te ocurre. Mi madre decía que las cosas sólo tienen la importancia que tú les des, y de ahí surge el sufrimiento de muchas personas, de la importancia que les dan a las cosas. Si te ríes de algo, lógicamente le restas importancia y, por consiguiente, cuanto mayor es la risa, menor es el sufrimiento.

La *rieligión* que te propongo puede llevar tu nombre en vez del mío, pues la idea es que encuentres los valores que te sostengan en cualquier propuesta o filosofía de vida. En la mía, están las cosas que aprendí y adopté para vivir en plenitud, lo cual supone, en resumidas cuentas, el camino más hermoso y placentero que podemos recorrer. Ya sabes que, como decía Paulo Coelho en *El alquimista*, «el verdadero tesoro no es la meta, sino el camino».

30

HUMOR CONSCIENTE

Para empezar este capítulo, primero veamos la diferencia entre *conciencia* y *consciencia*:

- **Conciencia**: es el entendimiento moral del bien y del mal, con base en el conocimiento de uno mismo y de sus capacidades, que nos permite procesar la realidad y actuar con respecto al entorno.
- **Consciencia**: es la capacidad del ser humano para percibir la realidad y reconocerse en ella.

Las ideas para escribir un libro surgen como una inspiración maravillosa y este capítulo me llegó al recibir un audio de mi amigo Toño, al que conocí gracias a Jorge Carrasco y su Instituto de Desarrollo Interior, con el que colaboro como maestro de ceremonias en sus fantásticos eventos: «Recuerda quién eres», «El camino del héroe», «Origen» y el estupendo Máster de Reprogramación Consciente, que se basa en el arte de desaprender.

Ya había recibido mensajes sobre el tema y era consciente del humor que hacía, que sigo haciendo y en el que he encontrado un nicho; un lugar épico donde entregarme a la risa desde el terreno en el que me siento conectado: la esencia del amor de Dios. Ser una persona consciente es ser y vivir desde la consciencia; es una delicia, un descanso, un remanso de paz y vida.

Como dice Borja Vilaseca, «los seres humanos nacemos en la inocencia, somos condicionados para vivir en la ignorancia y en algunos casos iniciamos el camino hacia la sabiduría o la consciencia». En mi caso, el humor ha guiado ese proceso, y por eso en el año 2009 nació la *rieloterapia* a bordo de un barco, porque se fundieron de forma natural y orgánica dos pasiones en mi vida: el humor y el amor. Se trata de poner el humor al servicio del amor y acariciar las almas a las que ya había hecho cosquillas, o incluso hacerlo todo junto. El humor consciente es puro y real: es poder entregarte a reír y hacer reír desde el amor, desde la esencia y sin ninguna intención excepto la de acariciar esas almitas. Aquella mañana de agosto de 2009 en aquel barco sentí que había dejado de hablar con la mente para hacer reír y había empezado a hablar con el corazón para hacer sentir, y precisamente ése es el concepto de humor consciente: hacer reír, hacer sentir.

¿Alguna vez has experimentado esa sensación? ¿Has estado frente a alguien que está atravesando un proceso doloroso y con un abrazo tuyo, una escucha activa y una broma suave has conseguido aliviarlo? Aunque el alivio sólo dure un instante, es reconfortante saber que puedes ser de utilidad para otra persona.

Si estás leyendo este libro puede que me conozcas, y entonces entenderás lo que te voy a contar a continuación. Si no me conoces, ahora me vas a conocer un poco mejor. Nunca he tenido miedo a ser quien soy; bueno, puede que en alguna ocasión haya sentido miedo por haber sido juzgado por ser quien soy. Me explico: desde niño he sentido el don que Dios me regaló (la alegría, el humor) y lo he compartido, pues siempre me ha abierto muchas puertas y, para qué nos vamos a engañar, me garantizaba atención, cosa que suele ser del agrado de todo el mundo. También sentía que era diferente al resto. El que me pusieran Ángel de nombre me ha marcado muchísimo, y cuando eres diferente ya sabes que al mundo no le sueles gustar. Efectivamente, no le gusté; sentí juicio, sentí desprecio, sentí rechazo, y por eso me fui acercando cada vez más a la consciencia y a las personas conscientes, con quienes me sentía en familia.

Borja nos llama «los hierbas»; Dani de la Cámara, «los raros». Entre nosotros hermanitos de luz, yo empecé a hablarle a mi gente bella, y es que romper la barrera del miedo para entregarse al amor es una decisión valiente y fundamental. El humor es la clave, la risa es la medicina y, si se pone en práctica desde la consciencia, es un regalo para el alma. El humor espiritual, consciente y amoroso es la base de todo lo que hago. Me emociona inmensamente contarte esto, incluso reconocerlo y sentirlo es emocionante. Imagínate poder unir las dos cosas que más te gustan en este mundo y, además, sentirte útil y al servicio de las personas. Este concepto es muy propio de la consciencia, pues entendemos que el mayor propósito de la vida es estar al servicio de los demás, de la vida, del amor. Esto no quiere decir que te dejes atrás; primero estás tú y el amor que te das, y a partir de ahí nos ponemos al servicio del resto.

El humor consciente me ha llevado a conquistar muchos corazones rotos, personitas que hacía mucho tiempo que no reían y que por fin han visto la luz. El humor abre las puertas para que entre esa luz que todo el mundo precisa. Es un tipo de humor que no incomoda, aunque a veces algún personaje salte y juzgue, lo cual es lógico y lícito, porque el ego se molesta cuando expandes el amor desde el humor. Al ego le molesta toda expresión de amor, júbilo y alegría, y el humor las reúne todas.

El humor, como has visto, tiene muchas vertientes, formas, modos, estilos e incluso colores, y cada persona se conecta con el humor desde el lugar en el que está. Por ejemplo, los niños se ríen con los minisustos, con los aspavientos, con los tropezones y las caras raras, pues se encuentran en una etapa de inocencia. A los adolescentes les cuesta reírse, y si lo hacen últimamente es cuando ven que alguien se ríe de alguien, y ya sabemos que esto no es muy amoroso, pero están dolientes y en proceso de aprendizaje. Los adultos empiezan a segmentarse por género, nacionalidad o nivel cultural y es entonces cuando hay adultos a los que el humor también les cuesta por la carga emocional negativa, por el exceso de preocupaciones, porque el hijo de Dios se olvidó de reír (cuando digo «hijo» también quiero decir «hija»; es un concepto del libro *Un curso de milagros*).

El humor consciente o espiritual conlleva códigos, y los códigos son claves mediante las cuales un grupo social, familiar o cultural se entiende y se conecta. En un grupo de trabajo, por ejemplo, se generan bromas internas; esto lo he aprendido muy bien a base de dar muchos talleres y conferencias para empresas. En mi época de monologuista por España solía preguntar por los códigos del pueblo o la ciudad para conectar mejor con el público. Cuando trabajaba en los barcos las bromas que tenían más éxito eran las que hacían referencia a la experiencia que los pasajeros estaban viviendo: la comida, el barco, las ciudades que visitábamos... El humor en tiempo real, el que habla de lo que está pasando, y los códigos son claves para el éxito de un buen gag cómico. En el caso del humor consciente o espiritual los códigos se conectan si estás despierto. Recuerda que estar despierto es haberte dado cuenta del sueño mental y terrenal en el que vivías para emerger a la consciencia y vivir desde el prisma del amor, la verdad y la alegría.

Éste podría ser el inicio de un monólogo de humor espiritual:

> Hola, me llamo Ángel Rielo y soy raro. Sí, así nos llaman a los que damos abrazos, sonreímos a los desconocidos y practicamos la meditación. A los que miramos hacia dentro para arreglar lo de fuera, a los que hablamos sin pudor del amor y del perdón, incluso a los que hablamos de Dios sin miedo al juicio.
>
> Me gusta relacionarme con raros y raras como yo. Entre nosotros nos entendemos muy bien; cuando nos vemos no nos decimos «Qué bien te veo», sino que decimos «Te veo muy elevado. Estás calibrando muy alto últimamente. Cuando quieras nos tomamos un té *chai* con panela o quedamos para ir al vegano, que hay dos por uno en tofu. Te dejo, que tengo *chi kung* y luego baños de *gong* tibetanos».

Si eres raro o rara te habrás reído (por los códigos, ya sabes).

Por otra parte, el humor consciente puede incluir cualquier tipo de disciplina; se trata de tener bien claro desde dónde se emite ese humor. En realidad, el desde dónde es esencial para una vida plena y en el humor es vital ser consciente para que nuestras bromas no hieran a nadie. Con esto no quiero decir que todo el mundo actúe desde el mismo lugar, pues el libre albedrío existe en todos los ámbitos de la vida.

Ya sabes que sólo hay dos caminos: el amor y el miedo. Sólo hay dos modos de existir en esta vida: siendo rehén del ego o anfitrión de Dios, así que ahí donde estés, desde ahí serás. Si eres rehén del ego, él manda y tú obedeces; él decide desde el miedo y tú te sometes, sufres y haces sufrir. Si eres anfitrión de Dios, tu bandera es el amor, la compasión, el perdón y la alegría; de este modo estás en paz y expandes esa paz por el mundo.

Piensa en un mundo donde reine la alegría; ya sabes que está por encima del amor en la escala de la consciencia. Hay varios niveles energéticos de consciencia correspondientes a emociones y filtros de percepción. En su mapa de la consciencia David Hawkins propone una escala de consciencia que va desde el 0, que significa la muerte, hasta el 1.000, que corresponde a un ser iluminado, como Buda o Jesús. También existen dos ámbitos que dan título a uno de sus libros que te comenté anteriormente ¿recuerdas? *El poder frente a la fuerza*. El poder se refiere a todo lo que nace del amor y la fuerza se aplica a lo que nace de la mente.

Observa bien esta imagen para conectar con tu nivel energético de consciencia. No estamos en un solo lugar hasta que superamos los 500 puntos, es decir, el amor. Mientras podemos ir fluctuando, pues nuestro nivel es variable cuando le damos rienda suelta al ego para que actúe.

Si nos enfadamos con frecuencia; si el orgullo nos impide amar al prójimo; si hay más deseo que amor; si el miedo es predominante y sufrimos por costumbre; si la apatía nos invade e impide que soltemos todo eso; si sentimos culpa y nos avergonzamos de ser así y de la vida que llevamos, en-

Escala de la consciencia de David Hawkins

	Nivel	Calibración	Emoción	Visión de la vida
Poder	Iluminación	700-1000	Inefable	ES
	Paz	600	Dicha	Perfecta
	Alegría	540	Serenidad	Completa
	Amor	500	Veneración	Benigna
	Razón	400	Comprensión	Significativa
	Aceptación	350	Perdón	Armoniosa
	Entusiasmo	310	Optimismo	Esperanzadora
	Neutralidad	250	Confianza	Satisfactoria
	Coraje	200	Afirmación	Consentimiento
Fuerza	Orgullo	175	Desprecio	Demandante
	Enojo	150	Odio	Antagonista
	Deseo	125	Anhelo	Decepcionante
	Miedo	100	Ansiedad	Atemorizante
	Pena	75	Arrepentimiento	Trágica
	Apatía	50	Desesperación	Desesperanzadora
	Culpa	30	Culpa	Maligna
	Vergüenza	20	Humillación	Miserable

tonces estamos en el ámbito de la fuerza y calibrando a un nivel muy bajito. Es entonces cuando la enfermedad aparece y se manifiesta con fuerza.

Si, por el contrario, nos armamos de valor y empezamos a vivir de forma neutral, sin tanto juicio; si ponemos voluntad en la aceptación de la vida misma y la razón nos acompaña para darle soporte a esa vida, sentiremos que el amor se instala para mejorarlo todo, para verlo todo desde su perspectiva, y entonces se presentará la alegría, que es el preludio de la paz excelsa, la puerta a la iluminación. Desde esa posición estaremos actuando con un poder inagotable y maravilloso que todos los seres humanos podemos alcanzar si nos lo proponemos.

Y tú, ¿desde qué posición quieres vivir este regalo que es la vida? ¿Desde la fuerza o desde el poder? Apúntalo a continuación en letras mayúsculas para que no se te olvide:

Vive con alegría, o, mejor dicho, vive en la alegría mediante el humor y la risa y verás que estarás a un pasito de la paz y la iluminación, desde donde todo se ve con más claridad.

31

LA PREGUNTA PODEROSA

Veamos, prepárate, que viene una pregunta poderosa: ¿oyes una voz en tu cabeza? Llámala voz de la conciencia, la loca de la casa, la voz de tu pensamiento o como quieras, pero sabes que esa voz te habla. Si te habla, la pregunta sería: ¿tú quién eres? ¿Quien habla o quien escucha?

¡Buuuummmm!

Seguro que ahora mismo estás oyendo a esa voz decir: «Pues cuando hablo soy quien habla y cuando escucho quien escucha», es decir, que eres las dos, ¿verdad? Pero si eres las dos significa que hay un tercero que las observa, ¿no?

¡Buuuummmm!

Eres la consciencia que lo observa todo, eres la esencia que vigila, y por eso, si entrenas la mente, dejas de identificarte con cualquiera de las voces y también con los pensamientos. No eres lo que piensas; de hecho, puedes pensar en hacer cosas muy feas, pero no las haces, y si sólo las piensas, ¿por qué identificarse con esos pensamientos impuros, como los llamarían hace tiempo? Ja, ja, ja, me parto de la risa con ese concepto. No hay nada impuro en pensar; simplemente coges un pensamiento y luego tu sistema de valores y creencias lo deja ir porque no te representa. ¿Quién no ha pensado alguna vez en llevarse algo que no es suyo, en poseer algo que no le pertenece o en empujar a su cuñado a la piscina con ropa y móvil? El dato es que podemos tener más de sesenta mil pensamientos al día, así que imagina el caos si te identificas con todos.

¿Cuándo un pensamiento se convierte en sentimiento? Cuando le prestas atención, así que cuidadito con dónde diriges el foco, pues ahí se ilumina el espacio.

32

¿Y SI NO PUEDO SONREÍR?

Muchas veces —y cuando digo muchas son muchas—, al terminar las actuaciones, se me acercan personas y me cuentan cómo se sienten. Uno de los mensajes que se repite es el siguiente: «Hacía mucho tiempo que no me reía, que no podía reír». Otras veces me hablan de sus parejas o familiares, con el mismo mensaje de que nunca los habían visto reír de ese modo.

Siempre he sentido un profundo amor y agradecimiento por parte del público, sobre todo en los barcos. Recuerdo que al principio el taller «Rieloterapia» duraba casi tres horas, y, aun así, al terminar se quedaban esperando para hablarme y abrazarme. Luego la compañía de cruceros decidió que había que recortar la duración, pues el barco quedaba desierto porque todo el público estaba en el teatro y para ellos eran más importantes las ventas a bordo que el amor que se compartía, y la verdad es que lo entiendo. Aun así, el taller duraba una hora y media y al final me acababa quedando casi dos horas en el teatro, entre abrazos y firmas de libros. Ése es uno de los resultados del efecto Rielo: acabé en un barco de carambola tras mi salida revuelta de la televisión, pero resulta que era precisamente eso lo que tenía que suceder, pues era el camino que me llevaría a estar donde podía ser más útil y ponerme al servicio de los demás.

Recuerdo cada abrazo, y también que las lágrimas de emoción me impresionaban mucho, sobre todo las de los hombres que por fin habían roto la barrera emocional de la falsa fortaleza y se entregaban a sentir. También recuerdo que durante este camino el ego me invitó a abandonar muchas veces, ya fuera por cansancio, por sensación de soledad... y ¿sabes qué? Cuando esos pensamientos me rondaban la cabeza al terminar el taller siempre había un mensaje que se repetía en los abrazos y decía: «No dejes de hacer esto, sigue adelante, es muy necesario». Para mí era revelador, y te prometo que no era algo aislado, sino que era, y sigue siendo, una constante en todos los sentidos. Todavía algunas veces siento deseos de hacerme a un lado y descansar, pero siempre aparece alguien con un mensaje alentador que para mí es la voz de Dios dándome pistas para que recupere las fuerzas.

Recuerdo dos momentos en mi vida, a causa de unas rupturas sentimentales, en los que perdí la sonrisa y la tristeza se me instaló de tal manera en el corazón que sólo las lágrimas conseguían calmarla, y nunca lo hacían del todo. Es en esos momentos cuando te planteas: «¿Y si no puedo volver a sonreír?». ¿Qué sucede cuando hemos perdido las ganas de reír? Pues pasa que la vida nos trae aprendizajes, y si no los vemos como tales, los volvemos sufrimientos, problemas y obstáculos. Por eso te propongo que rías, que uses la risa para sanarte, y si no te sale de manera natural, pues te la provocas, que para eso tenemos el yoga de la risa, ¿no?

Como decía Eckhart Tolle, no se trata de ser felices, porque ya lo somos, sino de diluir la infelicidad, de reconocer los obstáculos, las heridas o las creencias que te impiden ser feliz. Las experiencias de pérdida son las más dolorosas y también las más comunes, pues el sentimiento de posesión y apego es muy potente. Perdemos una relación, un trabajo, un ser querido o la salud y nos sentimos perdidos, pero ¿y si esa pérdida fuera necesaria? ¿Y si abrazásemos la aceptación y entendiéramos que todo es parte de una vida que no podemos programar? Entonces llegaría el despertar y nos elevaría el nivel de consciencia para solventar el problema y darnos alas.

Recuerdo un día que, en un evento, la vida me puso delante a dos mujeres maravillosas, dos hermanas que me narraban el dolor por la pérdida de su madre, y de mi alma surgió compartir con ellas que durante toda mi vida siempre había salido renovado y más sabio de los peores momentos, y creo que ahí está la clave. Si la vida se complica, hay dos caminos que podemos seguir: o bien sufrir, lamentarse y perder las ganas, o bien aprender, crecer y elevar nuestro nivel de consciencia. Esto puede sonar frívolo *a priori*, pero lo cierto es que las personas que han transitado por las mayores oscuridades saben muy bien cómo valorar la luz y el camino a la felicidad. «Sólo quien ha estado en el infierno sabe valorar el cielo»; oí esta frase un día por ahí y me dejó pensativo, aunque para mí el cielo y el infierno están dentro de cada uno.

Llevo toda la vida riéndome de la muerte, pues es algo inevitable. Como dice Diego Dreyfus, «te vas a morir»; todos nos vamos a morir en algún momento de nuestra vida, así que toca reírse de ella, porque morirse es una consecuencia de estar vivos. A mí lo que no me cuadra es vivir como si estuviéramos muertos.

«¿Y cómo has conseguido reírte de la muerte?», te preguntarás. Pues, aunque es una forma de hablar, lo cierto es que la he burlado al menos en tres ocasiones. La primera ocurrió cuando tenía siete años. Veraneábamos en La Línea de la Concepción, tierra de mi padre biológico, y muy cerca de allí, en un pueblo llamado Palmones, había una central térmica de carbón junto al río. Las familias iban a disfrutar de la playa junto a la desembocadura del río, pues el agua salía caliente y era maravilloso. Sonaba una sirena de alarma para avisar cuando se abrían las compuertas de la central, pues la corriente se acentuaba y era peligroso. Aquella mañana este angelito estaba jugando en el río y cuando sonó la alarma seguía ensimismado en mis juegos. No reaccioné y la corriente empezó a llevarme mar adentro. Fue sólo un instante, pero el agua salía con mucha fuerza y me arrastraba. En ese momento mi madre, que nadaba cerca y, aunque no era ninguna experta, empezó a luchar contra la corriente y me empujó a la vez que nadaba para alejarme del centro del río y así evitar que me arrastrara la corriente y me perdiera mar adentro. Recuerdo la cara de mi madre empujando el flotador, exhausta y asustada a la vez, y cómo me abrazó cuando salimos del agua. Me dio la vida una vez y otra me la salvó. Ésa fue la primera vez que burlé a la muerte. Quizá no era el momento.

Tiempo después, cuando tenía trece años, al salir del colegio me reunía con una pandilla de amigos muy divertida. Estábamos jugando por las calles de Madrid con unos bloques de porexpán, ese corcho blanco de bolitas que se pone en los embalajes, ¿sabes? La calle estaba muy concurrida y el juego consistía en darnos porrazos unos a otros, porque ese material no duele, aunque molesta. En un momento de enajenación se me ocurrió sorprender a uno de mis amigos dando la vuelta por delante y decidí adelantarlo cruzando entre unos coches que estaban aparcados a nuestra izquierda en la Vía Carpetana, una calle con mucho tráfico. El despiste me llevó a cruzar entre los dos coches sin darme cuenta de que había una furgoneta estacionada en doble fila, y al salir me quedé en medio de la carretera y un coche me atropelló. Me embistió con tanta fuerza que me levantó cinco o seis metros del suelo, pues no le dio tiempo a frenar. Recuerdo los gritos de la gente cuando volé por los aires y al caer golpeé con el codo el cristal delantero de un Simca 1000 y choqué de cabeza contra el coche. La verdad es que recibí un golpe importante. Me levanté como si nada y noté que la cabeza me daba vueltas a izquierda y derecha, pero por dentro. La gente me preguntaba si estaba bien y yo les decía que sí, hasta que la brecha de la cabeza comenzó a sangrar y estuve a punto de desmayarme. Me llevaron al hospital, donde me querían coser, y salí corriendo al ver la aguja. El hombre que me atropelló estaba pálido del susto y así se mantuvo hasta que me llevó a casa con el coche sin cristal, repitiendo durante todo el camino: «Es un milagro. No te he visto salir, pero, gracias a Dios, estás vivo. Esto es un milagro». Y puede que así fuera: un verdadero y segundo milagro que me mantuvo con vida cuando había muchas posibilidades de morir. Eso ya es motivo suficiente para estar agradecido y decir que me burlé de la muerte, ¿no crees?

Recuerdo una tercera vez cuando ya era adulto, aunque aún muy inconsciente. En una de mis escapadas fiesteras iba conduciendo a mucha velocidad y la vista se me desvió a un accidente que había al otro lado de la carretera y, por consiguiente, mi coche se dirigía derecho a la mediana. Cuando estaba a punto de estrellarme mi amigo Aurelio cogió el volante y nos salvó la vida a los dos. En esos momentos no me reía, pero puedo recordarlo ahora y ponerle humor a todo porque sé que la vida es un regalo de Dios y que estar vivo es motivo suficiente para sonreír y agradecer.

Cuando notes que la tristeza te inunda o no te sientas bien recuerda hacerte esta pregunta: ¿cuánto tiempo hace que no ríes, que no cantas, que no juegas, que no bailas? Empieza por ahí y luego me cuentas cómo te sientes. Imagina que tienes una muela picada y no haces nada, sólo quejarte; el dolor se volverá insoportable y se complicará con otros males mayores. Pues lo mismo sucede con el dolor emocional: hay que tratarlo, porque si no haces nada y sólo te quejas, puede acabar complicándose.

He pasado por noches oscuras, a veces casi las mil y una noches oscuras del alma: tristezas, depresiones, ansiedad... y gracias al entrenamiento físico y emocional he conseguido salir adelante y aprender y lo he superado. Si en esos estados de baja frecuencia te apoltronas en un sofá a esperar que se solucionen, la mente tendrá toda la energía del mundo para convertirlos en algo más grave y será más difícil volver a estar bien. En este camino me han ayudado las buenas influencias, el ejercicio físico, las herramientas de gestión emocional, el sentido del humor, mi voluntad de hierro y la valentía y el coraje de saber que nada es tan importante si tú no le das importancia y que lo primero eres tú.

Si no puedes sonreír, búscame y encontraremos la manera de reírnos en compañía.

—¿Qué tomas
para ser feliz?
—Decisiones.

33

¿ERES QUIEN QUIERES SER?

Atención a esta pregunta: ¿eres quien quieres ser o quien la vida te ha hecho ser? Ésta es una pregunta poderosa y la he repetido muchas veces. El camino del autoconocimiento me ha traído hasta ésta y otras muchas conclusiones, conceptos e ideas que han configurado un mapa de vida y de aprendizaje muy potente y amoroso.

La vida nos hace ser, pues al vivirla decidimos cómo hacerlo, es decir, somos la suma de todas las decisiones que hemos ido tomando ante las situaciones que han ido apareciendo. A veces nos puede parecer que son otras personas las que deciden por nosotros. A mí, por ejemplo, decidieron llevarme a un colegio interno con ocho años, y puede parecer que no tengo nada que hacer ante eso, pero no es cierto, porque al final yo decidí cómo vivirlo y cómo colocarlo en mi mapa de vida. La vida es una decisión constante, y saber que tienes que tomar decisiones significa que, en principio, tienes opciones. Quien no las tiene no puede tomarlas.

Imagínate la vida de nuestros antepasados. ¿Crees que tenían tantas opciones, tanta calidad de vida? ¿Crees que tenían la misma esperanza de vida que nosotros? La respuesta es que no y, sin embargo, crecieron, avanzaron, evolucionaron y descubrieron cosas maravillosas. No estoy hablando de lugares que ya estaban habitados y que supuestamente se descubrieron, como América por el peculiar Cristóbal Colón. Me refiero a descubrir vacunas, crear la rueda, aprender a cultivar.

Nuestros tiempos son los mejores para ser vividos y, aun así, sigue habiendo mucha gente perdida y que vive en la queja. Sabemos a ciencia cierta que la humanidad en conjunto ha creado tanta destrucción como vida, lo cual es una paradoja brutal, pues se sigue destruyendo con el pretexto de sobrevivir, pero en realidad es más la ambición y la negación de la realidad tangible lo que nos lleva a la devastación de la riqueza natural. Esta consciencia universal, abierta como un gran wifi megapotente, tiene capacidad para dar sabiduría y poder a todos y cada uno de los habitantes de este mundo, pero hay quien ni lo sabe, ni le importa: tienen la antena guardada y están absolutamente desconectados del amor y la serenidad.

¿Y qué podemos hacer ante esto? Nada, porque son ciclos evolutivos. Igual que ahora estamos mejor que en la Edad Media, un día estaremos mejor que en la actualidad; lo único es que quizá no lo veamos, pues ya habremos trascendido. El cambio climático, la revolución de las emociones y la vida como tal son aspectos significativos para entender todo lo que sucede. Si un ser humano no desarrolla su poder, muere en la ignorancia, o lo que es más doloroso: mata en la ignorancia.

Por eso tú, que estás leyendo este libro de un cómico chiflado, de un payaso enamorado, de un ángel en la tierra al que le han intentado cortar las alas miles de veces, pero que ha vuelto a renacer, puedes hacer algo por ti (fíjate en que ya no es por los demás). La pregunta sería qué puedes hacer tú por ti. Asume tu responsabilidad, aprende a volar y a sanar, enseña a volar y a sanar y olvídate de las quejas innecesarias y de quien te quiso minimizar para sentir que te tenía a su servicio. No dejes que te adoctrinen, que te domestiquen; coge las riendas de tu vida y vívela con todo el amor y el humor que eres.

Joé, qué bonito me ha quedado todo esto, ¿no?

34

¿TENGO QUE SUFRIR PARA APRENDER?

¡Radicalmente no! Cambia «sufrir» por «reír» y a por ello. Es cierto que se transitan lugares potentes en los aprendizajes, pero piensa una cosa: ¿cómo aprendieron nuestros antepasados? ¿Cómo llegaron a evolucionar teniendo tan pocas herramientas emocionales? Pues equivocándose y aceptando los errores. Con la queja no se aprende; con la aceptación, sí.

A continuación, te dejo una frase que surgió justo en plena pandemia, cuando empecé a compartir en redes sociales aspectos sobre la feliciología, esta filosofía de vida tan bella y que tantas alegrías da a quien la abraza. En el camino de la vida he pasado por momentos muy dolorosos. Con ellos he aprendido muchas cosas, y de ahí que quiera compartirlas para poder aliviar los caminos de otras almas. Ésta es la frase en cuestión: «No hace falta el sufrimiento para el *aprendimiento*; se puede hacer con divertimento». Vamos a cancelar ya esa creencia judeo-cristiana que basaba la vida en el Dios castigador y nos cargaba de culpa, sufrimiento y castigo.

La letra con sangre no entra, y hemos cambiado la culpa por responsabilidad. Sí que es verdad que todo aprendizaje requiere entrenamiento y dedicación para poder alcanzar el objetivo, pero eso ocurre en todos los ámbitos de la vida y tampoco es amoroso que para llegar a ser alguien en el ámbito profesional o deportivo el precio que haya que pagar sea la salud, la infancia o la paz, ¿no te parece? Aprenderás mucho más riéndote que llorando, aunque llorar sea liberador (que lo es, y además tiene unas propiedades increíbles).

Según un estudio del St. Paul Ramsey Medical Center, las hormonas que se segregan cuando lloramos a causa de una emoción intensa hacen que disminuyan los niveles de cortisol, una sustancia que favorece la retención de grasa en el cuerpo y, como consecuencia de ello, se pierde peso. También se dice que después de llorar el cerebro libera endorfinas, que son los neurotransmisores de la tranquilidad y que también nos producen la sensación de conformidad, consuelo y confianza. Asimismo, el incremento del metabolismo cerebral que se genera con el llanto libera orexinas, que nos provocan hambre, lo cual es un poco contradictorio, pero ahí está. Sin ninguna duda, llorar nos hace bien, es útil para segregar hormonas y toxinas relacionadas con el estrés y suscita un efecto calmante, además de ayudarnos a expresar nuestros sentimientos. Durante mucho tiempo se creyó que el llanto indicaba una personalidad débil, pero en realidad es justo lo contrario, de modo que toca cancelar más creencias limitantes absurdas. Lo siento, Miguel Bosé, pero a tomar viento tu canción que dice «Los chicos no lloran, tienen que pelear», igual que lo de «Las mujeres no lloran, las mujeres facturan» de Shakira. Por Dios, dejad de mandar mensajes absurdos, que la gente se los cree y luego lo pasa regulinchi.

En esta vida se ríe, se llora, se canta, se baila, se pasan momentos duros y luego se vuelve a reír y a cantar, pues el que canta su mal espanta. No pienses que tendrás que sufrir para aprender, pues, como seres evolutivos que somos, no tenemos que estar inventando la rueda cada día para poder usarla, ¿no? Pues tampoco otras herramientas, aunque sean emocionales. De eso va la maravillosa evolución: de usar los errores de otros para tener un camino de vida más amable.

Cuando oigas hablar de la tan manida zona de confort piensa dos cosas; una, que no es obligatorio salir de todas ni siempre, y que si lo haces estás haciendo honor a las cualidades de tu especie. Y dos, que, de no ser evolutivos, ni yo estaría escribiendo este libro a bordo de un avión rumbo a Canadá, ni tú lo estarías leyendo ahora. Si lo estás haciendo es que sabes leer, que tienes el dinero para comprarlo y la inteligencia para asimilarlo, entenderlo e interiorizarlo. Si no hubiéramos evolucionado, seríamos amebas en un charco o algo así, pero seamos coherentes y abracemos la idea del aprendizaje como camino a la felicidad y el bienestar, añadiendo un componente de humor y amor en todo lo que hagamos, pues el humor es el camino más hermoso para el aprendizaje. Si pienso en los profesores que tuve, aquéllos con los que más aprendí siempre fueron los que usaban la herramienta del humor y la amabilidad, sin dejar de ser rectos y coherentes, por supuesto. El humor suaviza cualquier situación en esta vida, y más aún si se trata de aprender o enseñar.

En mi trayectoria profesional he tenido la oportunidad de ser alumno y profesor muchas veces. Y cuando asisto a las clases siempre lo hago con la máxima humildad y con mucha atención. Sin embargo, cuando me toca enseñar lo hago siempre desde la paciencia, el humor y la contundencia, porque sé que es ese humor el que se convierte en el lubricante perfecto para que la formación se vuelva amena y divertida, que son dos cualidades únicas para un aprendizaje eficaz. Nunca olvides que cuando estás enseñando el protagonismo no es tuyo; siempre es de la persona que recibe tus enseñanzas y que, por consiguiente, tu mayor dolor siempre será tu mayor maestría.

No tengo miedo
a perder nada,
pues no tengo nada
que perder.

35

¿Y TÚ DE QUÉ TE RÍES?

En este capítulo he querido rendir homenaje a los grandes cómicos que me inspiraron y de los que aprendí. Este título, además, tiene una connotación especial, pues es exactamente igual que el de uno de los espectáculos de mi amigo Alex O'Dogherty, al que admiro y del que he aprendido muchas cosas buenas, aunque no he conseguido ser tan metódico y creativo como él. Cuando asistes a uno de sus espectáculos te das cuenta de la cantidad de trabajo y dedicación que implican. Concretamente, *¿Y tú de qué te ríes?* lo he visto tres veces y es perfecto para acompañar este libro, pues hace un recorrido maravilloso por los conceptos del humor y por las cosas de las que nos reímos, así como los tipos de risa existentes.

En su último espectáculo, *Imbécil*, toca el tema de los límites del humor y lo hace con mucha asertividad. ¿Sabes lo que significa eso? La asertividad es la capacidad de las personas de manifestar de manera oportuna, sin hostilidad ni provocación, sus emociones frente a otras personas. Las personas asertivas son capaces de expresar de manera directa sus opiniones y sentimientos, tanto si son positivos como negativos. Suena maravilloso, ¿verdad? Además, es muy adecuada para poder implementar el humor en nuestra comunicación no violenta.

Alex también fue el protagonista del cortometraje *Caratruño*, que trata del mal genio y el mal humor desde el punto de vista de la comedia y respalda la teoría de que tras cada ser enfadado y serio hay una historia que contar.

Con Alex he hablado de los límites del humor y de la importancia de la risa en diferentes ámbitos de la vida en el pódcast «**Efecto Rielo**»:

—Alex, ¿existen límites en el humor?

—El humor no tiene límites; los límites los tienes tú. La cuestión es que lo que te molesta de las bromas que hace un cómico es el significado que tienen para ti. No las ves como lo que son: un enfoque personal de quien habla. Por eso, si no te gusta ese cómico, no vayas a verlo, pero no quieras meterlo en la cárcel.

De pequeño se metían mucho conmigo por mi físico y creo que al final fue la risa la que consiguió liberarme de todo aquel tormento. Los payasos somos sostenedores de las tristezas del público y eso a veces nos pasa factura.

Entonces, la pregunta sería: ¿y tú de qué te ríes? ¿Cuáles son las cosas que te hacen reír o de las que necesitas aprender a reírte?

Haz dos listas. La primera para darte cuenta de qué es lo que te hace reír y si esa acción es positiva. No importa si te ríes de cosas absurdas; ya hemos visto que lo absurdo es magnífico para provocar la risa. Presta especial atención si en la lista hay pocas cosas o si alguna tiene que ver con reírse de otras personas, desgracias o mofas. La segunda lista tiene como objetivo que puedas trabajar en las cosas de las que necesitas aprender a reírte. En realidad puedes reírte de todo, algunas veces mostrándolo al exterior y otras en un trabajo más íntimo. Reírte de tus miedos, de tus antiguas máscaras, de tus creencias limitantes e incluso de tu enfermedad o circunstancia vital es siempre muy reconfortante.

36

¿TODO ES PERFECTO?

Muchas veces cuando doy conferencias, en los directos o en los espectáculos teatrales, utilizo la expresión «todo es perfecto», y a veces se alzan voces críticas ante esta afirmación. Por eso quiero dedicarle un capítulo en este libro y poner un poco de asertividad en el concepto.

«Venga ya, Ángel Rielo, ¿cómo me puedes decir que todo es perfecto? Con la que está cayendo, con la de cosas que pasan, diles eso a las personas que bla, bla, bla...» Pues mira, me nace poder explicar esta maravilla de concepto, que está directamente relacionado con la aceptación y la ausencia de juicios caca, o sea, dañinos e innecesarios.

Cuando se expresa que todo es perfecto es porque se acepta el todo tal y como es y como viene. ¿De qué sirve enfrentarse a los hechos que acontecen si no podemos modificarlos? De nada. ¿Y qué se puede cambiar de esa situación o experiencia? Pues la forma de vivirla. Ahí reside la perfección, pues cuando nos adaptamos a las circunstancias y dejamos de luchar contra ellas, éstas se ponen al servicio de nuestro aprendizaje y nuestro desarrollo. Entonces el ego comienza a decirte cositas: «Ya, pero es que no es tan fácil, ¿cómo voy a ver perfecta la muerte de un ser querido?». Ver algo como perfecto no significa que te guste lo que ha pasado, ni que te merezcas lo que ha ocurrido, sino que lo aceptas y aprendes a vivir en ese nuevo escenario.

¿Me lo compras? ¿Puedes reflexionar sobre ello? ¿Puedes ver que tras la resistencia a aceptar este concepto podría haber una herramienta muy poderosa? La perfección como concepto es muy exigente y tiene dos caras, pues lo que es perfecto para unas personas puede no serlo para otras, así que es subjetivo y, además, tiene un componente importante de juicio: lo bueno, lo malo, lo justo y lo injusto son creencias del ego.

¿Conoces la leyenda del campesino y su hijo llamada «¿Buena suerte? ¡Mala suerte? ¡Quién sabe!»? Es un antiguo cuento de la cultura china que muestra como todo trae consigo un aprendizaje:

> Un cálido día de verano un precioso caballo salvaje, joven y fuerte, descendió de los prados de las montañas para buscar comida y bebida en la aldea. Ese verano, de intenso sol y escaso de lluvias, había quemado los pastos y apenas quedaba una gota de agua en los arroyos, de modo que el caballo buscaba desesperado comida y bebida para sobrevivir.
>
> Quiso el destino que el animal fuera a parar al establo de un anciano labrador, donde encontró la comida y la bebida deseadas. El hijo del anciano, al oír el ruido de los cascos del caballo en el establo y constatar que un ejemplar magnífico había entrado en su propiedad, decidió colocar la madera en la puerta de la cuadra para impedir su salida.
>
> La noticia corrió a toda velocidad por la aldea y los vecinos fueron a felicitar al anciano labrador y a su hijo. Era una gran suerte que ese bello y joven rocín salvaje hubiese ido a

parar a su establo. Realmente era un animal que costaría mucho dinero si hubiesen tenido que comprarlo. Sin embargo, ahí estaba, en el establo, saciando tranquilamente su hambre y su sed.

Cuando los vecinos del anciano labrador se acercaron para felicitarlo por tal regalo inesperado de la vida, el labrador les replicó: «¿Buena suerte? ¿Mala suerte? ¡Quién sabe!» y no lo entendieron...

Pero sucedió que al día siguiente, el caballo ya saciado, al ser ágil y fuerte como pocos, logró saltar la valla de un brinco y regresó a las montañas. Cuando los vecinos del anciano labrador se acercaron para condolerse de él y lamentar su desgracia, éste les replicó: «¿Mala suerte? ¿Buena suerte? ¡Quién sabe!» y de nuevo no lo entendieron...

Una semana después, el joven y fuerte caballo regresó de las montañas trayendo consigo una caballada inmensa y llevándolos, uno a uno, a ese establo donde sabía que encontraría alimento y agua para todos los suyos. Hembras jóvenes en edad de procrear, potros de todos los colores; más de cuarenta ejemplares seguían al corcel que una semana antes había saciado su sed y su apetito en el establo del anciano labrador. ¡Los vecinos no lo podían creer! De repente, el anciano labrador se volvía rico de la manera más inesperada. Su patrimonio crecía gracias a un azar generoso con él y su familia. Entonces los vecinos felicitaron al labrador por su extraordinaria buena suerte, pero éste, de nuevo, les respondió: «¿Buena suerte? ¿Mala suerte? ¡Quién sabe!». Y los vecinos, ahora sí, pensaron que el anciano no estaba bien de la cabeza. Era indudable que tener, de repente y por azar, más de cuarenta caballos en el establo de casa sin pagar un céntimo por ellos sólo podía ser buena suerte.

Sin embargo, al día siguiente el hijo del labrador intentó domar precisamente al guía de todos los caballos salvajes, aquél que había llegado la primera vez, huido al día siguiente y llevado de nuevo a toda su manada hacia el establo. Si conseguía domarlo, ninguna yegua ni ningún potro escaparían del establo. Teniendo al jefe de la manada bajo control no había riesgo de pérdida. Pero ese corcel no se andaba con chiquitas y cuando el joven lo montó para dominarlo el animal se encabritó y lo pateó, con lo cual cayó al suelo y recibió tantas patadas que se le rompieron varios huesos de los brazos, las manos, los pies y las piernas. Naturalmente, todo el mundo consideró aquello como una verdadera desgracia. No así el labrador, quien se limitó a decir: «¿Mala suerte? ¿Buena suerte? ¡Quién sabe!». Los vecinos ya no supieron qué responder.

Unas semanas más tarde el ejército entró en el poblado y reclutó a todos los jóvenes que se encontraban en buenas condiciones. Sin embargo, cuando vieron al hijo del labrador en tan mal estado lo dejaron tranquilo y siguieron su camino. Los vecinos que quedaron en la aldea, padres y abuelos de decenas de jóvenes que partieron ese mismo día a la guerra, fueron a ver al anciano labrador y a su hijo para expresarles la enorme buena suerte que había tenido el joven al no tener que partir hacia una guerra que, con mucha probabilidad, acabaría con la vida de muchos de sus amigos. El longevo sabio respondió entonces: «¿Buena suerte? ¿Mala suerte? ¡Quién sabe!».

Muchas veces la percepción de lo que nos sucede puede parecernos un drama y no nos damos cuenta de que la vida sigue y no se detiene en los acontecimientos, sino que somos nosotros quienes lo hacemos y sufrimos al no aceptarlos. Si consigues instalar esta herramienta en tu ser, verás como todo comienza a tener otro color. Tardarás más en transitar unos procesos que otros, ¡qué duda cabe!, pero verás como en el día a día te alivia mucho el sufrimiento innecesario. Este concepto se une a otro clásico que habrás oído muchas veces: lo que sucede conviene. Una vez que algo ha sucedido ya no hay vuelta atrás y debe aceptarse entendiendo la conveniencia de aprender de ello. Sí, lo sé, qué cansadito es esto de estar siempre aprendiendo, pero es que la vida es así, no la he inventado yo, ja, ja, ja. Me río porque he cantado en mi cabeza la canción *El jardín prohibido* de Sandro Giacobbe, que con esa frase escurría el bulto de haberle puesto los cuernos a su chica con su mejor amiga. Pero ésa es la realidad: las leyes universales existen y los humanos sufren cuando se revelan y se creen más listos que la propia existencia.

Date un bañito de humildad y aceptación y tu vida será un caminito de rosas, con sus espinas, sí, pero te aseguro que te dolerá menos o durante menos tiempo. La cuestión no es pensar que las rosas tienen espinas, sino que algunas espinas también traen rosas.

Somos el resultado de
lo que hacemos con
nuestras heridas.

37

¿PUEDE EL HUMOR CURAR LAS HERIDAS?

Pues la respuesta es que *a priori* sí, que el humor es sanador, y si es negro, además, es purgante, y que si se aplica en primera persona la sanación es obvia, pues cuando nos reímos de nuestra propia situación la minimizamos.

¿Y pueden sanarse las heridas aunque sean muy profundas? La profundidad de una herida depende directamente de la importancia que se le dé, del juicio que se haga sobre la situación vivida. El humor no es la solución absoluta, sino que es parte de esa solución, y me atrevo a decir que una porción muy importante del tratamiento para sanar esas heridas.

En estos últimos años he trabajado y aprendido mucho sobre las heridas y cómo nos acompañan y afectan hasta que conseguimos sanarlas, y para conseguirlo primero hemos de saber identificarlas. ¿Sabrías reconocer si crees que tienes alguna herida abierta o que se abra con frecuencia? Se identifican con facilidad porque suelen abrirse y doler con la finalidad de que se muestren y se sanen. Las más representativas son el rechazo y el abandono, y luego están las heridas de soledad, violencia, celos, miedos…; las heridas que se crearon en la infancia y la adolescencia, que son etapas esenciales para entender quiénes somos hoy en día.

Muchas veces esas heridas están ocultas en la sombra, que es, además del lugar resguardado del sol, la ubicación donde escondemos todo lo que nos dolió y todo aquello que pensamos que era indigno o conflictivo para que pudiesen aceptarnos en la sociedad, la familia o la pareja. Esa sombra no es perenne ni es indisoluble; es más, debemos iluminarla o jamás tendremos una vida plena, pues tener las heridas o los anhelos escondidos no aporta nada, sino que, por el contrario, nos resta vida y alegría.

Si tienes una herida de abandono en la sombra y no la reconoces, ésta se abrirá, sangrará, dolerá y afectará a tus relaciones presentes. Si pusiste en la sombra, por ejemplo, tu alegría, tu talento o tu libertad para ser aceptada por alguien, nunca alcanzarás la plenitud, que llega cuando luz y sombra conviven en armonía, cuando das luz a la sombra para que se ilumine y las heridas comiencen a cicatrizar. Las heridas no son tatuajes imborrables, sino que son inherentes al ser humano y útiles para el aprendizaje y la madurez. Por eso es tan importante sanarlas con humor y valentía, pues estas dos herramientas juntas son bálsamo y curación absoluta.

Te puedo contar algunos casos muy potentes, como el de mi alumna, amiga y feliciónloga en prácticas Lupe Iglesias. Ella nació con la vista en perfecto estado, pero cuando tenía 36 años enfermó y comenzó a quedarse ciega hasta perder totalmente la visión. Explica que al principio se tomó el asunto con mucho miedo, rabia y desesperación, hasta el día que se subió a un barco y se encontró con este loquito payaso que te habla desde hace un buen rato. Nuestro viaje por Israel, tierra santa, fue espectacular, pero más lo fue la conexión con la que nos bajamos de ese barco, y desde entonces ella decidió tomarse las cosas de otro modo. Ése es el poder que nadie te puede arrebatar: la decisión. Esas dos palabras mágicas que lo cambian todo: «YO ELIJO». Te lo repetiré hasta la saciedad, hasta que se te quede grabado a fuego: tú decides, en última instancia, cómo quieres vivir lo que te sucede. No elegimos lo que pasa, sólo lo que haremos con ello. Si interiorizas esta herramienta habrás subido un escalón muy grande en el nivel de consciencia, es decir, que estarás menos dormida que antes, alma bella.

El proceso de mi querida Lupe Iglesias ha sido muy poderoso. Disolver al ego víctima es de lo más trabajoso que existe, pues hay un motivo que se considera terrible. Te has quedado ciega, Lupe, y eso no tiene vuelta atrás. Pero ¿qué te parece si te lo cuenta ella misma? Le pedí una pequeña aportación y esto es lo que escribió para mí:

> «Me cago en el chiringuito, me cago en la colchoneta, me cago en el veraneo, *mecagüentó.*» Así rezaba la letra del último tema creado y coreografiado por el rey de la canción del verano, Georgie Dann. Es lo primero que se me vino a la cabeza cuando mi amigo y maestro Ángel Rielo me pidió que escribiese unas líneas expresando cómo me siento después de llevar treinta y dos años sin ver un pijo, aunque en realidad yo me pregunto: ¿qué necesidad tiene alguien de tener que ver pijos? También podía haber recordado la canción *Maneras de vivir*, cantada por Rosendo, ya que es de los años ochenta y me puede representar más, pero reconozco que soy, musicalmente hablando, una horterilla de tomo y lomo.
>
> Pues sí, amigos, en el año 1991 llamó a mi puerta una enfermedad llamada retinosis pigmentaria, que, en algunos casos, como el mío, puede provocar una ceguera total. No voy a mentiros diciendo que la recibí con panderetas y tam-

bores, porque sería engañaros a vosotros y a mí misma y no es lo que pretendo hacer en estas líneas. Su llegada provocó en mí el desconsuelo y durante un pequeño espacio de tiempo me convertí en el personaje de la víctima; algo así como una cucaracha a la que pones boca arriba de una patada, sabiendo que difícilmente va a poder volver a andar sobre las patas. ¡Ay, qué penita y qué dolor!

Sin embargo, miraba a mi hija de seis años y sentía que ella no podía tener una madre depresiva, sin ganas de acompañarla a las fiestas de cumpleaños de sus compis del cole y sin ilusión por nada de lo que la vida le estaba regalando. Por este motivo decidí ponerme las pilas y comenzar a aprender a vivir de otra manera, disfrutar de la vida poniéndole imágenes donde ya no las había, sacando siempre una sonrisa vete tú a saber de dónde y preparándome para iniciar una nueva vida sustituyendo los ojos físicos por el sentir del corazón. Aprendí a usar el bastón blanco, a leer en braille y a utilizar sintetizadores de voz tanto para el móvil como para el ordenador, y de esta manera volví a ponerme en marcha. Cada uno de estos aprendizajes me llevó un tiempo determinado y algunas lágrimas, que más adelante se convertirían en una gran luz capaz de iluminar el camino que aún sigo transitando.

Volviendo la vista atrás, siento que no fue difícil; únicamente me llevó tiempo, trabajo y dedicación y, sobre todo, saber aceptar amorosamente lo que el universo me había traído. Gracias a la enfermedad pude criar a mi hija dedicándome a ella en cuerpo y alma, algo que no podría haber hecho de haber seguido trabajando en el restaurante de mis suegros. Es decir, le di la vuelta al calcetín para que, en vez de sentirme una «calimerita», volviese a ser la mujer que era antes de la enfermedad, pero con más consciencia y más sentido del humor si cabe. Esto último lo descubrí cuando, tras conocer a Ángel en un crucero y leer su obra *El pequeño libro de la felicidad*, comencé a interesarme por el crecimiento personal y el mundo de la espiritualidad.

Me inscribí en el curso de Feliciología junto con un grupo de personas que buscábamos hallar la paz y la felicidad en nuestra vida. Ángel nos enseñó un montón de herramientas para conseguir vivir en calma. Dos veces por semana me ponía delante del ordenador para conectarme al curso mediante Zoom y empaparme de toda la sabiduría que emanaba de Ángel. Muchas veces me costaba entrar, porque para mí Zoom era algo desconocido y sólo tenía a mi marido para ayudarme. Estábamos en plena pandemia, nadie podía venir a casa y mi marido es más cegato que yo en cuanto a la tecnología.

Creamos un grupo precioso de «ahoritas», seres de luz que, como yo, llegaban con la necesidad de entender los mecanismos de la mente y las diferentes maneras de actuar del ego. Aprendimos a vivir el aquí y el ahora y un montón de recursos para saber salir de cualquier situación emocional.

Cuando terminó el curso Ángel inició una nueva actividad llamada «El gimnasio de las emociones», que cursé primero como alumna, y más tarde, como feliciólogа en prácticas. El efecto Rielo ha conseguido hacer de ésta que os habla una persona distinta a la que cruzó la puerta de embarque del navío que nos llevaba a Israel. Ángel me mostró quién era yo. Tras el personaje de una pobre mujer ciega se escondía un ser maravilloso, con grandes dones y una capacidad infinita de amar de manera incondicional. Aprendí a reírme de mí misma, a usar el humor como antídoto para el dolor, y aún hoy me sigue funcionando. Bailo, escribo libros, subo mis vídeos a Instagram y a Facebook (una ya tiene una edad), hago manualidades e incluso ese loco maravilloso que es Rielo me permite de vez en cuando subir al escenario y lanzar un pequeño monólogo en el que utilizo la ceguera para reírme de mí misma y hacer reír a los demás.

Él puso la luz en mi camino para que el alma bella que reside en mi interior consiguiese llegar a transitarlo sin necesidad de tener que utilizar los ojos físicos. Dios me puso en el suyo y mi corazón hizo el resto. Aunque viviese mil vidas, no serían suficientes para agradecérselo. Gracias a ti, amigo, y a tu efecto Rielo.

En otras ocasiones el ego víctima se refugia en daños más potentes. Ya sabéis que Dios me prestó dos hijas maravillosas, Yendeh y Anouk, que son grandes maestras para mí y me han enseñado muchísimas cosas, además de traer a mi vida a personas increíbles.

Una de ellas es Pamela Palenciano, una mujer que atravesó una oscuridad deleznable y dolorosa, pues sufrió malos tratos por parte de quien *a priori* estaba ahí para amarla. Lo más impactante de esta historia es cómo ha conseguido liberarse y ayudar a otras mujeres en el camino de la sanación de esa herida a través del humor (ya he mencionado que el humor negro es una medicina increíble para estas situaciones, mucho más recomendable que el drama y el victimismo). Pamela llena teatros por toda España con un monólogo no exento de polémica, pero tremendamente sanador y divertido.

¿Quieres saber cómo se transforma ese dolor en amor mediante el humor? Éste es un extracto de la entrevista completa que podrás ver o escuchar en el pódcast:

Ángel: ¿El humor nos ayuda a relativizar?

Pamela: Sin duda es así. Sin humor no sé cómo podríamos vivir.

Ángel: Cuando entendí que la vida es dolor sentí que hay un modo de trabajar ese dolor y transformarlo. La fórmula es la siguiente: el dolor con humor se convierte en amor, lo cual supone una transformación, y eso es lo que creo que has hecho tú con tu dolor. Soy muy respetuoso con estas cosas, ¿quieres contar lo que sucedió?

Pamela: Fui víctima de violencia machista y eso me robó la adolescencia. Yo pensaba que eran discusiones normales de pareja y luego descubrí que el tipo me jodió la vida, la verdad. Entonces me di cuenta de que el sistema perpetúa una forma de quererse entre chico y chica que no es muy sana, que es muy injusta, y por eso esta idea de transformar el humor en amor. Me encanta porque en el momento en que hay tantos tíos que me odian, tanta gente que me ha tirado tanta mierda, yo pienso: «Yo no odio a los hombres, sólo denuncio la violencia, pero no han visto el amor que hay debajo de todo esto, que sirve para sanar y poner luz, no para odiar». Un día vi un monólogo de Dani Rovira y sentí que el humor podía acompañar ese dolor y aliviarlo.

Hay historias tremendas en torno al humor y cómo aparece en los momentos más inverosímiles de la vida. Hace algunos años, durante la pandemia, conocí a una mujer maravillosa llamada Catalina Hoffmann Muñoz Seca. Seguro que te suena el segundo apellido, porque es la bisnieta de don Pedro Muñoz Seca, el dramaturgo español autor de la desternillante comedia *La venganza de don Mendo*, que fue fusilado por las fuerzas republicanas en la masacre de Paracuellos. Todas estas historias son feas y tristes, aunque Catalina, que además de una *coach* maravillosa es una contadora de historias espectacular, me relató un episodio de genialidad y comedia que le sucedió a su bisabuelo justo antes de ser fusilado. ¿Quieres saber cómo pudo aparecer el humor en ese momento?

Muñoz Seca fue detenido el 20 de julio junto con su mujer en la plaza de Cataluña, en Barcelona. Cuatro comisarios políticos los trasladaron a Madrid, pasando por Valencia. Liberaron a su mujer en la estación y don Pedro ingresó entonces en la cárcel-checa de San Antón. Ahí se convirtió en protector y buen amigo de todos sus compañeros de tormento. Organizaba ejercicios espirituales y tertulias y escribía pequeñas obras, además de escribir 34 postales y 7 cartas a su mujer, en las que sobre todo le pedía ropa de abrigo y medicamentos para tratar su úlcera de estómago. En una de ellas le rogaba que le mandase una bigotera. La característica física más destacable de don Pedro era un bigote enorme con las puntas hacia arriba, al estilo D'Artagnan. «Tengo los bigotes tan caídos que se me han metido en la sopa del rancho», decía. Con la bigotera consiguió recuperar la elegancia de su bigote. Pelaba lentejas en la cocina y hasta el peor de sus carceleros, al que llamaban «Dinamita», le mostraba respeto.

No voy a entrar en más detalles, porque mientras te cuento todo esto me invade una profunda tristeza al darme cuenta de cómo se decide sobre la vida humana de un modo tan frívolo y cruel (sé que esto es un juicio y lo asumo). El 28 de noviembre fue juzgado y condenado, y cuando lo llamaron salió sonriente y sereno. Justo cuando estaba a punto de ser fusilado pronunció las siguientes palabras:

«Podéis quitarme todo lo que tengo: mi vida, mi familia, mis posesiones…, pero hay algo que nunca jamás me podréis arrebatar: el miedo que tengo ahora mismo».

Genio y figura hasta la sepultura. Él perdonó a sus asesinos, dejó una preciosa carta de despedida para su mujer y, como veis, no perdió el sentido del humor ni en sus últimos instantes de vida.

LA HISTORIA DE MÓNICA Y JAVIER

En el año 2011, en pleno apogeo de mis rutas marítimas, me encontraba a bordo del ***Grand Mistral*** de la compañía Iberocruceros. Allí los talleres «Rieloterapia» tomaron una dimensión brutal. Casi mil personas se reunían en el teatro para asistir al taller, en el que, además, participaban muchos de los artistas del barco.

En esos talleres-espectáculo sucedían cosas maravillosas, y una de ellas fue conocer a Mónica y a Javier. Cuando los vi por primera vez fue impactante, porque ambos iban en silla de ruedas, pero con la sonrisa puesta. Su historia de amor y de dolor me impresionó muchísimo, pues la contaban siempre desde el humor. Me enamoré al instante de su esencia y aprendí una gran lección de dos personas a las que la vida se lo había puesto muy difícil físicamente, pero que habían decidido reírse en toda su cara.

Así te lo cuentan Moni y Javi:

> ¡Hola a todos y todas! Somos Mónica y Javier.
>
> Hace unos años, estando de vacaciones en un crucero, tras el día de la comedia se nos sugirió que asistiéramos a un taller de felicidad, y allí que fuimos. Ésta es la historia de cómo conocimos a Ángel y de la huella que nos dejó.

En esos talleres pasaban cosas maravillosas y a nosotros nos ocurrió algo que supuso una transformación importante en nuestra vida, que fue poder conocer a Ángel. Él siempre cuenta que se quedó impactado cuando nos conoció, pero es que a partir de ese día nosotros también nos quedamos impresionados, ya que no sólo surgió con él una gran amistad, sino también una relación de amor incondicional, lealtad y cercanía.

Queremos compartir cómo empezamos nosotros a sentir el efecto Rielo. Es verdad que nuestra experiencia personal va acompañada de un sufrimiento físico muy intenso, fruto de unas lesiones que provocan un dolor constante. Esto nos ha permitido enfocarlas de una manera no sólo realista, sino también positiva y, francamente, llena de serenidad. Sin embargo, lo que a nosotros nos resulta imprescindible y tal vez vital es que no sólo necesitamos inyecciones de morfina o medicación para calmar nuestros dolores, sino que cada vez que tenemos un encuentro, unas palabras o que podemos recibir una pequeña gota de la sabiduría de Ángel para nosotros es muchísimo más eficaz que cualquier medicación. La risa, como dice Ángel, es la medicina del alma y también sana el cuerpo.

El tiempo corre muy rápido. Hace doce años que nos conocimos, y cada año para nosotros ha sido un regalo por poder ser testigos del enriquecimiento personal y espiritual y el crecimiento como profesional de un ser tan especial como nuestro Angelito Rielo. Todo esto no son elogios ni alabanzas, sino datos concretos que se pueden demostrar. Es un crecimiento que creemos que se ha ido consolidando porque la esencia de su personalidad se ha ido haciendo más grande, más maravillosa y más única gracias a que se ha dejado llenar de tanta gente para dar a tantas personas. Personalmente, en nuestra vida, la presencia en cualquier espectáculo, conferencia o cualquier otra cosa que salga de la mente, del corazón y de los sentimientos de Ángel es puro amor. Me emociona escribirlo; es algo que no se puede explicar con palabras, pero sí que se puede demostrar con hechos, que son las transformaciones que sufrimos cuando nos vemos empapados de la lluvia de amor de este ser único y maravilloso.

Es verdad que el dolor en la vida nos lo ha puesto un poco difícil a Javier y a mí; de hecho, estamos escribiendo esto desde el hospital, donde hemos pasado por operaciones, curas y mucho dolor, pero ¿sabéis qué? Nos reímos en toda su cara. Esta frase nos ha resultado muy simpática y cierta, pero lo más importante es que esa manera de actuar, usar la risa como el verdadero analgésico emocional, también es consecuencia del efecto Rielo.

No cambies, hermano, te queremos. No ceses en dar y ser una piedra preciosa en tantas vidas y con tantas personas que te conocen y te conocerán: serás para ellos y ellas un camino a la transformación. Eres necesario, hermano, y reír contigo es reír con Dios.

Otro ejemplo de cómo ver la vida desde el humor cuando hay dolor lo encontramos en Albert Espinosa. Su historia comenzó cuando le detectaron un osteosarcoma a los trece años. Esta enfermedad lo mantuvo ingresado en el hospital durante casi una década, entre los catorce y los veinticuatro años. Tuvo que sufrir la extirpación de un pulmón, parte del hígado y la amputación de su pierna izquierda. Lejos de hundirse o victimizarse, decidió vivir la vida con humor y amor.

Además, creó la serie y la película *Pulseras rojas*, que reflejaban su vida en el hospital durante todo el proceso del cáncer. Ha escrito más de doce libros y guiones cinematográficos. En su libro *El mundo amarillo* habla de las personas amarillas, que son las que aman y ya está, que se mueven entre el amor y la amistad y dan sentido a nuestra vida.

La última historia que te voy a contar me toca muy de cerca. Se trata de Sarah Almagro, una chica que sufrió una meningitis meningocócica que provocó que le amputaran manos y pies cuando tenía dieciocho años. Su vida parecía truncarse, pero salió a flote —nunca mejor dicho— gracias al humor y al surf. Sus vídeos virales y su sentido del humor han dado un giro a su vida y a la de muchas de las personas que la conocemos. Conozco a sus padres desde mis tiempos de DJ y empresario hostelero en Marbella y sé que gracias al humor, entre otras muchas cosas, Sarah consiguió darle otro enfoque a esa situación *a priori* tan dramática.

Estoy seguro de que conoces más historias como éstas de personas a las que se les ha torcido la vida y que la han puesto derecha mediante la fórmula «el dolor con humor se convierte en humor». En definitiva, el humor es, sin duda, la medicina del alma, y no sólo para las heridas físicas y las enfermedades, sino también para las lesiones emocionales, las rupturas y la aceptación de las pérdidas. Podemos y debemos reírnos de cada cosa seria que nos duela; eso será el bálsamo que nuestro ser necesita para crecer y seguir adelante.

Si estas personas pudieron hacerlo, ¿podrás hacerlo tú? Piensa en el humor, en la risa, como una medicina para el cuerpo, la mente y el alma.

38

PATCH ADAMS Y LA RISA CURATIVA

¿Has visto la película *Patch Adams*? La protagoniza Robin Williams, pero no es del todo ficción, sino que está basada en la vida real de Hunter Doherty, conocido como *Patch* Adams, un médico, comediante, activista social, payaso y autor estadounidense que nació el 28 de mayo de 1945. Su historia no es tal y como se contó en la película, pues al parecer se obviaron algunos aspectos de su personalidad y de sus valores para poder crear un producto más comercial. El Patch original criticó la película, y también a Robin Williams, que ganó 21 millones de dólares por el film y no donó ni un solo dólar a los proyectos de Hunter.

Pero empecemos por el principio. Hunter era hijo de una poeta y un militar y pasó gran parte de su infancia en bases militares, hasta que su padre murió y se trasladaron a Virginia, donde residía parte de su familia. Allí comenzó a asistir a clase en un colegio tremendamente racista y homófobo donde Hunter sufrió acoso, maltrato y marginación por su aspecto, sus ideas y por enfrentarse al racismo. Trató de quitarse la vida en varias ocasiones, pues no quería vivir en un mundo tan cruel y desequilibrado.

Tengo que reconocer que me veo reflejado en esa parte de su historia, porque siempre he luchado contra la injusticia y me ha entristecido ver cómo se hiere por gusto a quien es diferente. La cuestión es que yo vivía en España y la lucha era otra: no era racismo por raza, sino castigo por ideología. El caso es que Hunter, en uno de esos intentos de suicidio, y según cuenta en algunas entrevistas, fue a escuchar el discurso de Martin Luther King en 1963, el famoso «I Have a Dream», y ahí tuvo una revelación y decidió cambiar la queja por la revolución y transformar ese deseo de desaparecer en ganas de cambiar las cosas.

Éste es un claro ejemplo de coger lo que crees que te va a destruir y reemplazarlo por algo que te ayude a ser más fuerte y a estar al servicio de los demás. Estudió Medicina y empezó a crear grupos de trabajo para implementar la risa como medicina en los hospitales. De este modo creó el *clowning*, el arte de usar la risa para sanar a los pacientes. Se centró en los hospitales y creó un lugar de acogida totalmente gratuito para personas en riesgo de exclusión social.

Con sus narices de payaso y su sentido del humor, lleva muchos años ayudando a personas enfermas sin recibir ninguna subvención. Creó el Gesundheit! Institute, que puedes visitar en <https://www.patchadams.org>, donde se imparten talleres, cursos, retiros y dinámicas y se genera un maravilloso trabajo de adaptación del humor y la risa al desarrollo humano y la sanación mental y emocional.

Como verás, yo sólo estoy sumando al camino de la risa y el humor para que su poder y reconocimiento sigan creciendo, pero son muchas las personas que trabajan a diario usándolos como herramientas de cambio y sanación y hay muchos proyectos en los que puedes participar. Ya hablamos del yoga de la risa en otro capítulo, y esta vez quería traerte esta información, pues a veces también es sanador ponerse al servicio de los demás para curarnos nosotros mismos. He de reconocer que cuando tengo un día regular compartir con los demás haciendo un directo, actuando o dando una conferencia me quita todas las tonterías.

SEXTA PARTE

FELICIDAR

En el año 2013 llegó a mi vida una de las personas más importantes y que más cambiarían el rumbo de mi historia para siempre. Una vez, mientras navegábamos por las islas griegas, alguien se me acercó tras un taller y me dijo: «Ángel, tienes que conocer a Cipri Quintas». A mí el nombre *a priori* me resultó gracioso y recibí el comentario con mucho amor, aunque tuvieron que pasar algunos meses hasta que, estando en casa de Irene Villa con mi amigo Kike de Gea, ella me dijo: «¿Conoces a Cipri Quintas?». Y mira, cuando se manifiesta dos veces el mismo nombre —o la misma cosa, la misma energía— le suelo prestar atención, así que, ni corto ni perezoso, le escribí por la red social que lo petaba en aquel momento, Twitter, y la respuesta fue instantánea. Al día siguiente quedamos para comer en su maravilloso restaurante Silk, en Madrid.

Conocerlo me impresionó, ya que se trataba de alguien que hablaba de amor con soltura, que era generoso por naturaleza y que daba siempre sin esperar nada a cambio. Además, tiene un sentido del humor basado en el uso de la ironía que es uno de los más divertidos que conozco, así que enseguida nos hicimos amigos y se me quedó grabada una frase que me dijo: «La gente tiene miedo a decir "te quiero" porque tiene miedo a querer». Sin duda es un maestro y una inspiración para mí.

Tiempo después, cuando la vida me trajo tormentas, me ayudó a construir una canoa para navegar por los mares de la tristeza. Nunca olvidaré como un día que entré en su restaurante me echó el brazo por encima de los hombros y me dijo en plan padrino: «Rielismo, tú no te preocupes, que yo voy a cuidar de ti». Y el muy cabrón lo hizo y lo sigue haciendo, pues es un amigo de los de verdad, a pesar de su adicción a meterse conmigo todo el tiempo, aunque la verdad es que es mutuo, porque nos divierte jugar y reírnos sanamente el uno del otro. También tiene dos libros maravillosos publicados en esta misma editorial: *El libro del networking* y *Sawubona*, los dos con fines benéficos y ambos espectaculares.

Una de las cosas más bonitas que me han pasado a su lado ha sido conocer al padre Ángel, un ser de amor absoluto que lleva años sumando para crear un mundo mejor. No obstante, lo que más me impactó del padre Ángel no fue su bondad, ni su dedicación, ni siquiera el amor que desprende, que es brutal; lo que más me sorprendió fue su exquisito sentido del humor. Es travieso, juguetón y le encanta tomarme el pelo. Nos hicimos amigos desde que nos conocimos, y por eso mis libros generan derechos para sus causas, y también por eso vamos juntos a muchos sitios y me llama para presentar sus eventos y darles alegría. Hace poco nos nombró embajadores honoríficos de Mensajeros de la Paz a los miembros de la tribu de Talentya, el proyecto amoroso e inspiracional de Belén Blanco y Juanjo Fraile.

De ese maravilloso sacerdote aprendí el concepto de *felicidar*, y es que nada te hará más feliz ni te hará sentir más vivo que ser útil a los demás. Tenemos una creencia que nos lleva a pensar que cuando damos algo lo perdemos, y de ahí que en muchas ocasiones mostremos un espíritu poco generoso. Prueba a ser generoso con los demás; no hace falta que sea con algo material: tu tiempo y tu amor también pueden ser útiles para otras personas, para otras causas.

La idea de crear Payasos de Dios surgió a partir de una historia que me contó el padre Ángel. Un día, en un evento al que acudió el padre, otro sacerdote comentó al verlo llegar: «¿Qué hace aquí este payaso?». Se refería así al padre, porque sale en televisión y usa los medios para concienciar y dar visibilidad a su propósito. Entonces, un periodista que estaba en el evento y que había oído el comentario escribió un maravilloso artículo en su defensa que terminaba así: «Sí, el padre Ángel es un payaso, pero un payaso de Dios». Esa forma de juzgarlo dio pie a un reconocimiento hecho con amor, y a mí me proporcionó la idea de crear una plataforma de almas bonitas que quisieran ayudar a los demás mediante la risa y el sentido del humor, un poco con la esencia de Patch Adams y la de Cipri Quintas juntos. Mientras escribo este libro, entre aviones y cafeterías en mi viaje a Nueva York y Canadá con mis hijas, vuelve la intención de darle más forma y entender la importancia de reír cuando todo se pone cuesta arriba.

¿Quieres unirte a nosotros? En principio no se precisa nada más que la intención de ser parte de la solución. No hay cuotas, no hay inscripciones; sólo necesitas amor, risa y tu nariz de payaso, que puedes conseguir si vienes a verme al teatro cualquier día o si la compras por internet o en una tienda de disfraces. La nariz de payaso es mi símbolo de alegría desde hace décadas. Empecé a usarla de niño, y cuando dirigía y presentaba el programa ***Rielity Show*** en la televisión de Murcia era el regalo final para los invitados e invitadas.

Te recomendaría que tuvieras siempre una a mano para usarla en caso de emergencia (niños que lloran, gente que discute...), o simplemente para activar la comicidad en tu persona. Te la colocas, te plantas frente al espejo y verás que en menos de quince segundos ya se vislumbra una sonrisa y la tristeza se empieza a diluir. Entonces recuerda que siempre puedes convertirte en un payaso de Dios dispuesto a ayudar a mitigar las tristezas de otras almitas despistadas. Recuerda que la alegría empieza en ti, que la risa es para ti y que eres todo lo que entregas.

La vida no es lo
que te pasa;
es lo que tú haces con
lo que te pasa.

39

DINÁMICA DEL AMOR

Te propongo un ejercicio. Piensa en las tres personas más importantes de tu vida y escribe sus nombres en esta lista:

1.
2.
3.

Ahora mira la lista y dime honestamente si has incluido tu nombre en ella. Si la respuesta es afirmativa, quizá es que ya has hecho este ejercicio otras veces o es que ya estás cerca de la iluminación. Sin embargo, lo más habitual es que tu nombre no figure ahí, pues solemos pensar antes en los demás y nos olvidamos de priorizarnos por una cuestión de educación, patrones y creencias.

El siguiente capítulo te ilustrará en estos menesteres. No te asustes por su título; los prejuicios nunca han sido el preludio de ninguna certeza.

40

EL CABRONÓLOGO

Mucha gente me conoce como «el Feliciólogo», pero un día me vino a la cabeza este personaje tan brutal como polémico, que me ayudó a liberar desde el humor parte de la rabia y el desencuentro que sentía por aquel entonces.

Cuando el público empezó a ver las promociones del nuevo espectáculo, allá por septiembre de 2021, se generaron todo tipo de reacciones, e incluso hubo amigos que no quisieron venir a verlo por sus prejuicios con el nombre, ya que asumieron que era algo que jamás fue. Después de la conversación antes mencionada con Rubén Turienzo tuve muy claro que si quería volver al escenario tenía que ser coherente con lo que sentía. Tocaba poner humor a una situación bastante jodida que me estaba sucediendo, de las que más te remueven en el día a día. Uno de los motivos más habituales para estar depresivo, de bajón, triste y removido son las separaciones. Por encima de las pérdidas de seres queridos están los abandonos románticos, y tiene sentido, pues en la vida te vas a enamorar con más frecuencia de la que se te morirá gente.

La verdad es que me sucedieron dos cosas en poco tiempo. Tuve una ruptura en 2018, una muerte en 2019 y la siguiente ruptura en 2021, con una pandemia de por medio en 2020. Cuatro añitos de aprendizajes y movimientos que dejaron huella y crecimiento. La ruptura de 2018, además, vino acompañada de un *ghosting* (cuando la persona desaparece sin decirte nada, en plan fantasma). Así pues, al final de ese mismo año apareció otra relación que parecía que sería muy poderosa, pero cuando estaba a punto de empezar se unió la muerte a la jugada y un cáncer de pulmón se llevó a mi maravillosa hermana Tille, de cincuenta y nueve años, en sólo cincuenta días. Imagínate el escenario, el caos y el dolor. Menos mal que acababa de terminar *El pequeño libro del amor* y lo tenía todo fresquito para poder interiorizarlo. Te estoy contando todo esto no desde el drama con el que lo viví, sino desde el amor con el que lo resolví.

En aquella época andaba en un crucero por el Caribe y al volver me encontré con la noticia de la enfermedad de mi hermana. Además, estaba empezando a conocer a una personita muy especial que luego se convertiría en compañera de vida durante varios años. Era un carrusel de emociones que fue girando sin parar: rupturas, pérdidas, enamoramientos, decepciones familiares y más rupturas... Todo eso me llevó a un estado de desconcierto, y entonces decidí que no podía subirme al escenario como el Feliciólogo sin antes mostrar la verdad de lo que estaba sucediendo en mi vida. Creo que ése es uno de los aprendizajes más potentes de estos últimos años: la coherencia como valor importante en mi vida. Así que me puse a diseñar el espectáculo y me di cuenta de que debía completar el mundo del Feliciólogo con la parte del Cabronólogo, que habla de algo superimportante para nuestra vida y que quiero compartir contigo en este capítulo.

Tú eres lo más importante de tu vida. Si se te olvida, si priorizas a los demás —a tu pareja, a tus hijos e hijas, a tus amistades, a quien sea que no seas tú—, la vida no funciona, no te renta, como dirían los jóvenes de hoy en día. No es rentable, no te lleva al camino del bienestar. Se nos olvida poner límites, se nos olvida que entre ser buenos y ser tontos hay una delgada línea muy fácil de traspasar, y yo la traspasé: me olvidé de mí para ser para los demás y no era la primera vez que me sucedía, pues el karma nos trae de regreso todo aquello que necesita ser vivido y sanado para poder seguir viviendo.

Dice Wikipedia que, para las religiones dhármicas, el karma, una creencia central en el hinduismo y el budismo, es una energía o ley cósmica trascendente que surge a partir de los actos de las personas. También puede denominarse espíritu de justicia o equilibrio. Llegado a este punto, quería subir al escenario y decir que estaba enfadado, que me había cabreado, no con nadie, sino conmigo mismo, porque hace muchos años que me hago responsable de lo que hago y lo que siento con lo que hacen los demás. Soy yo quien permite esos espacios y quien deja que las cosas sucedan, quien se queda donde no se le quiere, quien cuida de quien no lo cuida… ¿Te ha pasado? ¿Te está pasando actualmente? Pues sal de ahí, por favor. El autoconocimiento consiste en saber cómo somos y en qué podemos mejorar, ya que nos ocurre a menudo que cuidamos antes de todas las personas de nuestro entorno, familia… y nos olvidamos de priorizarnos.

Así nació *El Cabronólogo*, que fue un éxito rotundo y ayudó a muchas personas a poner límites desde el amor. «Te reviento, pero desde el amor que soy», ja, ja, ja. Ésa es una de las frases del espectáculo que se estrenó en La Cochera Cabaret de Málaga en septiembre de 2021 con un llenazo absoluto, a pesar de que aún seguíamos llevando mascarillas. La gente necesitaba reír y, sobre todo, gritar que estaba cabreada con la situación. Ese éxito me animó a llevar el espectáculo a Madrid, al Teatro Alfil, donde empecé a repartir amor y risas en el año 2011 y que me volvió a abrir las puertas de par en par. Y aquí sigo a día de hoy. La respuesta fue tan espectacular que en la tercera fecha lo vendimos todo y ya casi me resultaba imposible cabrearme, pues el amor fluía por todas partes. Entonces me di cuenta de que, siendo coherente, volvía a ser importante crecer, y *El Cabronólogo* se extinguió como espectáculo, aunque no como herramienta para equilibrar y ser felices.

Puedes hablar de lo que quieras desde el amor; puedes hacerlo y es importante que expreses cómo te sientes a las personas con quienes compartes tu vida. Hazlo siempre desde el amor, no desde el enfado, pues el enojo es el precio que tú pagas por los errores de otros. Desde esa posición, desde la serenidad, puedes expresarte mejor sin herir ni herirte. La protesta es lícita, la queja es absurda. La protesta repetida se convierte en queja, y la queja es moverse, pero como si estuvieras en una mecedora, sin avanzar.

Lo que quería contar el Cabronólogo estaba muy claro: todos tenemos luces y sombras, y en ambos lados está la vida. No pasa nada por estar mal; es absurdo querer aparentar que estamos bien si en realidad no lo estamos. Mostrarse vulnerable no es un síntoma de debilidad, sino de fortaleza y, sobre todo, de valentía. Aprender a expresarnos con amor para manifestar lo que nos duele, lo que nos incomoda, lo que nos gustaría que sucediera en las relaciones es la madurez absoluta. La madurez no es síntoma de vejez o de aburrimiento, sino de aprendizaje y crecimiento;

es estar por encima de los absurdos comentarios de los demás.

«El humor es la forma más sana de enfrentar el drama de la vida», decía el cómico y cineasta Mel Brooks, y cuánta razón tenía, pues gracias al humor que les puse a esos momentos tan dramáticos conseguí atravesar esa noche oscura del alma y, créeme, hoy en día soy, sin duda, una mejor versión de mí.

Sólo soy un
instrumento;
la música la pone Dios.

41

EL SISTEMA DE CREENCIAS

Recuerda que a la mayoría se nos ha domesticado para encajar en un sistema capitalista y de patriarcado, lo cual quiere decir que, si deseas crear una vida plena y feliz te tocará romper patrones, hacer cambios y evolucionar.

¿Has pensado alguna vez en que todo lo que crees y asumes como veraz es porque se te enseñó, se te inculcó o se te obligó a incluirlo en tu sistema de creencias? Una de esas creencias es, sin duda, la que condena la risa como algo frívolo e impone el concepto de seriedad para dar valor a las cosas. Es decir, se cree que algo profesional es serio, que algo elegante es serio, que tomarse las cosas en serio es dejar de reír; la seriedad condenada al aburrimiento. Esa creencia es falsa, pues el humor es una cosa muy seria y se puede ser profesional, elegante y valioso también desde el humor y la alegría.

Por eso hay que volver a programar el sistema de creencias y actualizarlo más a menudo. Recuerda que habíamos dicho que la mente y el cerebro funcionan como un ordenador y nos bajamos programas para poder hacer determinadas cosas, sólo que en este caso al principio los programas te los han instalado otros: familia, escuela, Estado, religión, etcétera.

Ten en cuenta que la religión no tiene nada que ver con Dios; las religiones son las diferentes formas de interpretar a Dios que han creado los humanos, y muchas veces lo han hecho de forma interesada, a la carta, con miedos y con sectarismos. En nombre de Dios se han cometido muchos crímenes, abusos y atrocidades.

Hagamos una parada breve para explicar la diferencia entre las creencias y las evidencias. Las evidencias son hechos que acontecen; las creencias son tu forma de interpretarlos y asumirlos como verdaderos. Hay que revisar la huella que deja en la humanidad todo ese proceso, las huellas que dejan en ti tus vivencias y tus heridas, para definir mejor ese sistema de creencias y, en todo caso, poder renovarlo.

Todos tenemos heridas y eso es una realidad: las heridas son inherentes al ser humano, conviven con él durante toda la vida, aunque son especialmente importantes las que suceden en los primeros años de vida. Por consiguiente, repito: queridas hormonas, digo queridos hermanos y hermanas, toca mirar otra vez *p'adentro* e identificar las creencias limitantes o condicionantes que nos hacen pupita. Puesto que todo es ilusorio y se basa en tus creencias, móntate un sistema de creencias a tu manera que te haga feliz, pero eso sí, teniendo siempre una premisa bien clara: ser buena persona y no hacer daño a nadie.

El humor es una herramienta maravillosa para discernir y entregarse a dejar ir las creencias limitantes o condicionantes. A continuación, te propongo un ejercicio y, cómo no, tiene que ver con la escritura. Se trata de hacer una lista de las creencias que más te influyen en tu vida e intentar descubrir de dónde vienen. Yo lo acabo de terminar y me he reído un montón con algunas tonterías que me había creído, y ahora que las he soltado me siento mucho más liviano.

Ejercicio para cancelar creencias

Coge una libreta y haz una lista de tus creencias más relevantes. Anota todas las que se te ocurran, no escatimes. Piensa en todo lo que has asumido como cierto y se ha convertido en una creencia para ti. Por ejemplo:

«Creo que, si no se ahorra dinero, el futuro es peligroso.»
«Creo que a los hijos hay que educarlos con mano dura.»
[…]

Te ayudo a empezar:
«Creo que la vida es…»
«Creo que yo soy…»
«Creo que el dinero es…»
«Creo que el trabajo es…»
«Creo que la familia es…»
«Creo…»

Cuando hayas terminado la lista léela y piensa en si cada una de esas creencias es limitante o no, y plantéate si sería mejor eliminar alguna de ellas.

A continuación, haz una lista de las que quieres cambiar y actualízalas con otras que se ajusten más a lo que quieres creer ahora y te hace sentir bien. Por ejemplo, «Creo que la vida es difícil» frente a «Creo que la vida es maravillosa». Repite ahora en voz alta la nueva creencia hasta que sientas la emoción de gratitud y bienestar que te produce.

Vivir basándonos en creencias que nos alejan de una existencia en calma es algo tremendamente absurdo y doloroso, y por eso es tan importante cancelarlas. Este ejercicio te puede ayudar, aunque algunas están tan arraigadas que quizá vas a necesitar dedicar más tiempo y atención a este asuntillo, pero ya sabes que al final todo redunda en ti y verás cómo te ríes de tu anterior versión y sacas a pasear la felicidad.

¿No tenías miedo
a cometer errores?
Pues hasta cuando te
equivocas aciertas.

42

LA FARMACIA INTERIOR

¿Cómo estás? ¿Qué tal vas con toda la información que estás recibiendo? Éste es un librito para subrayar y tomar apuntes, pues hay conceptos muy potentes. Bueno, y también tonterías varias, para no perder la esencia del divertimento. No te olvides de relativizar siempre y reírte hasta de tu sombra.

En este capítulo vamos a ir a la farmacia de guardia, que abre 24/7, como dice la gente joven hoy en día: «Esta farmacia me renta porque abre 24/7», es decir, que nunca cierra. Estoy hablando de la farmacia interior donde se generan los químicos y las hormonas necesarias para alcanzar un estado de felicidad, aunque la felicidad, para este feliciólogo, es más una actitud que luego te lleva al estado interior de felicidad. Como hemos visto anteriormente, es muy importante trabajar la habitación mental, puesto que ahí reside un secreto que no conocíamos y que ahora se revela cual bombazo espectacular para nuestra vida: la felicidad se sostiene químicamente en el cerebro gracias a determinadas hormonas que, para que se sepa y en nuestro beneficio, se generan dentro y no fuera del cerebro.

En capítulos anteriores (¡uy!, eso me ha sonado a maratón de series, aunque como las suelo ver en inglés, dicen *previously* —léase *privius lee*—, que suena como Bruce Lee, aunque Bruce no lee, ¿o sí?). ¿Ves? ¡Ya me he liado! Éstas son las típicas tonterías que hacen que mi cerebro se relaje y ame la vida tal como es. El caso es que ya hemos hablado antes de los beneficios físicos, emocionales y mentales de la risa y eso es porque genera química de la buena, igual que otras actividades a las que haremos referencia ahora. En este caso también son cuatro, como las habitaciones de las que hablaremos un poco más adelante.

DOPAMINA

Esta sustancia se genera con un buen descanso de entre siete y nueve horas diarias. No sé si cuenta la siesta, que es un regalo divino si se sabe usar con moderación. Los expertos recomiendan entre quince y veinte minutos de siesta como máximo, para evitar que el cerebro detecte demasiado reposo y desconecte las constantes vitales como si se tratara del sueño nocturno. Si eso sucede luego nos levantamos de mal humor y algo desconcertados.

La dopamina también se segrega cuando celebramos logros y metas alcanzadas. No hace falta que sea un descubrimiento que vaya a cambiar el rumbo de la historia; vale con que hayas arreglado la cisterna del váter o conseguido hacer un huevo frito sin que explote la yema. Es suficiente con que sea algo que aprendas y que sea importante para ti, que eres quien importa. Recuerda que a la mente le encanta aprender cosas nuevas y estar en constante movimiento; si no se lo das tú, ya lo buscará ella de cualquier modo, y puede que su amigo el ego le dé algunas ideas que no te harán estar mejor, te lo aseguro.

Por último, la dopamina también se fabrica cuando haces ejercicio, ya sea un deporte, caminar, bailar o cualquier otra actividad que genere movimiento cardiovascular. Últimamente son muchas las celebridades que reconocen su situación de desequilibrio mental, que sufren ansiedad o depresión, y hay un punto coincidente en sus discursos: el ejercicio físico siempre les ayuda, por encima de las terapias o la medicación. Cuando tu cuerpo se ejercita la mente tiene menos capacidad para fastidiarte la vida, pues su afán por mantenerte con vida hace que dedique energía a reponerse del esfuerzo y de este modo no tiene capacidad de enredar con el ego para liarte con sus jueguecitos.

OXITOCINA

Nuestra querida «oxi» se genera cuando meditamos. Ya sabes a qué me refiero. Meditar no es poner la mente en blanco, sino enfocarse en el interior, dejando que los pensamientos circulen libremente sin resistirse, sin discutir con ellos; es tan sencillo como dejarlos fluir.

También generamos oxitocina cuando somos generosos, y no estoy hablando de generosidad material ni sólo hacia los demás, sino también hacia nosotros mismos, dándonos amor, espacio, regalos de vida y prestándonos atención. El autocuidado es un acto de generosidad maravilloso. Por supuesto, también debemos ser generosos con los demás, escuchando, acompañando y compartiendo muchas risas, que siempre son sanadoras.

Por último, los abrazos. ¡Qué maravilla el acto de abrazar, ¿verdad?! Me gusta mucho abrazar, incluso cuando no conozco a la persona. En ese caso le pido permiso para abrazarla, pues en los abrazos se esconden los mensajes más bonitos del mundo: «gracias», «estoy aquí», «esto también pasará», «me alegro de verte», «todo irá bien», «no estás sola». No obstante, para conseguir ese propósito es importante abrazar conscientemente, en presencia, durante seis u ocho segundos como mínimo y corazón con corazón, aparcando la mente para que las almas se reconozcan. Pruébalo y me cuentas cómo te has sentido. Si la persona no está físicamente, puedes abrazar con el alma. Es lo que se denomina *apapachar*, otro acto de amor espectacular.

SEROTONINA

Aquí tenemos la hormona que nace del agradecimiento. A veces damos las gracias de un modo mecánico por cosas cotidianas y eso es estupendo, aunque el verdadero agradecimiento, el más profundo, choca con la gratitud cotidiana, pues se trata de agradecer incluso lo incómodo, como a quien decide irse de nuestro lado o a quien nos decepciona, ya que todo es aprendizaje. Debemos agradecer estar vivos y valorar lo que tenemos por encima de la queja por lo que pensamos que nos falta. Este pensamiento es una construcción del ego, pues al ser no le falta nada, ya lo es todo.

Otra cosa que le encanta a la serotonina es la naturaleza. Si vives demasiado en la ciudad, en el ladrillo y en las pantallas, tu ser echará de menos su origen, y es que no vamos de visita a la naturaleza; somos naturaleza. Déjate llevar por la Pachamama y descubrirás un estado vibratorio increíble. Pasea, corre, monta en bicicleta, escala, báñate y disfruta del lugar al que perteneces.

Por último, toma la decisión de ser feliz, porque ahí comienza todo. Por encima de lo que crees que te impide serlo, sonríe a los problemas y ponte al frente de tu vida, que es tu empresa más potente y el verdadero emprendimiento.

ENDORFINA

Esta sustancia es la más divertida de todas, porque trabaja a partir de lo lúdico, de esa fórmula que nos traía el yoga de la risa: baila, ríe, canta, juega y siente cómo se expresa la vida a través de ti, libre y feliz.

Siempre verás a las tribus más ancestrales y a las personas con menos recursos celebrando, bailando y riendo, puesto que nadie puede negarles eso y las sitúa en un escenario único para sentirse en comunión con la vida.

Si te esfuerzas para conseguir más cantidad de estas cuatro hormonas, vas a generar los químicos necesarios para tener una vida plena. En la farmacia interior cuentas con todo lo necesario, y de este modo no tendrás que buscarlos en la farmacia exterior; allí son más caros y a la postre hacen pupita y enganchan, ¿no te parece?

43

4444

Soy un cuatrero, lo reconozco, y te voy a explicar el porqué. Los pilares del *rielismo* mágico, la feliciología, de mi propia *rieligión* son muchos y variados. Creo que todo el mundo precisa tener sus referencias y sus referentes, de modo que a continuación quiero presentarte la fórmula del 4444.

Por si no lo sabías, el número 4444 es superpoderoso, puesto que significa que los ángeles te están enviando aliento para guiarte por medio de la honestidad y la sabiduría interior, que estás en el camino correcto, y también es sinónimo de cambio y evolución a la hora de comunicarse. Ahí lo dejo.

Vamos con los cuatros.

Los cuatro acuerdos.

Es un libro que me regaló mi hija mayor y que está inspirado en la filosofía de la cultura mexicana de los toltecas, que pensaban que nuestra realidad no era más que un sueño. Creían que interpretamos todo lo que percibimos basándonos en acuerdos sociales, incluso los conceptos de «correcto» e «incorrecto». Los toltecas eran especialmente violentos y dejaron un legado de cuatro acuerdos, que son los siguientes:

1. Sé impecable con la palabra.
2. No adivines ni supongas.
3. No te tomes nada de forma personal.
4. Haz siempre lo máximo que puedas, ni más ni menos.

He hablado muchas veces sobre este libro y sus acuerdos y puedo asegurarte que son un principio y una base maravillosa para vivir una vida plena y feliz.

Debemos ser impecables con la palabra a la hora de comunicarnos y usar un lenguaje no violento para los demás y, sobre todo, para nosotros mismos, pues nos convertimos en todo aquello que nos contamos y la narrativa es muy importante. Cuidado con el equipo de guion, que puede jugarte malas pasadas.

Los humanos tenemos tendencia a no creer en los adivinos, pero nos convertimos en ellos. Es como si tuviéramos una bola de cristal o poderes increíbles para predecir el futuro, para adivinar por qué las personas actúan de un modo u otro y las razones que tienen para ello y, por supuesto, mediante la suposición creamos un *storytelling* (el arte de contar historias) que normalmente se acerca al juicio y al sufrimiento. No adivines, no supongas, y si dudas de algo, pregunta. Pon en práctica el segundo acuerdo y te acercarás a la verdad.

El tercer acuerdo es para protegerte del daño externo. Nada es personal, pero al ego le encanta que tú te lo tomes así, ya que de ese modo puede cogerte como rehén y hacer de las suyas. Lo que dicen otras personas no es la realidad, sólo es *su* realidad; por lo tanto, una cosa es lo que alguien piense o diga sobre ti y otra muy distinta lo que tú sabes que eres. Ni los insultos, ni las opiniones o juicios externos son válidos, a no ser que tú los legitimes. Como se dice en *Un curso de milagros*, «nada del exterior puede hacerte daño». Bueno, a no ser que te hagan un Rafiki y te den con un palo en la cabeza, como le pasó a Simba en *El rey león*.

Por último, haz siempre lo máximo que puedas, ni más ni menos, para ser coherente, para cuidarte y para mantener el equilibrio en tu vida.

LAS CUATRO LEYES DE LA ESPIRITUALIDAD

La India es un lugar de inmensa sabiduría y de allí nos llegan cosas maravillosas. Siempre me ha fascinado su cultura y cómo se mezclan la pobreza y la sabiduría, ese choque del que todo el mundo habla cuando visita este increíble país. Su legado es espectacular: el yoga de la risa, la medicina ayurvédica y las cuatro leyes de la espiritualidad, que son un regalo magnífico para poder integrar y sentir:

1. **Toda persona que llega a tu vida es la persona correcta**. Las casualidades no existen, de modo que si una persona llega a tu vida es porque debe hacerlo y tiene un propósito que cumplir. A veces las personas con las que nos cruzamos tienen algo que enseñarnos o, por el contrario, nosotros tenemos algo que enseñarles a ellas. Recuerda siempre que conocer a alguien nuevo tiene sentido siempre que ambas personas experimenten un crecimiento.
2. **Lo que sucede en tu vida es lo único que podría haber ocurrido**. Tenía que ser tal cual fue, y todo es para tu mayor bien. Es una situación perfecta que te enseña lecciones y te incita a seguir adelante.

No malgastes tu tiempo pensando en lo que pudo haber ocurrido, o en qué pudiste haber hecho, o en por qué no ocurrió. Lo que sucedió es lo que debía suceder; todo tiene una razón de ser.

3. **Todo ocurre cuando tiene que ocurrir**. El tiempo es perfecto y las cosas pasan cuando estamos preparados para ellas, ni antes ni después.
4. **Cuando algo termina, se termina de verdad**. Es muy simple: del mismo modo que los ciclos comienzan, también tienen que acabar, lo cual significa que has aprendido lo que tenían que enseñarte. Ahora está en tus manos abrazar lo aprendido, apreciarlo y seguir adelante.

A continuación, voy a hablarte de otro legado que nos llega de la India.

LAS CUATRO HABITACIONES

Existe un proverbio indio que dice que todos los seres humanos somos una casa de cuatro habitaciones. La primera es la física, la segunda es la mental, la tercera es la emocional y la cuarta, la espiritual.

La mayoría de nosotros tendemos a vivir casi siempre en una sola habitación, pero hasta que no ingresemos en cada una de estas cuatro habitaciones todos los días, al menos para airearlas, no seremos una persona completa.

La cábala[6] dice que hasta que no se cultiven estas áreas

6. La cábala es una sabiduría espiritual ancestral de más de cuatro mil años de antigüedad y que puede aplicar cualquier persona, sin importar su país de origen, su género, su religión o su cultura. La cábala propor-

de nuestra vida no podemos dirigir nuestra voluntad y hacer realidad nuestros sueños más grandes: «[...] el hombre y la mujer no se crearon al completo, sino para que se completaran a sí mismos [...]».

Te propongo que a partir de ahora atiendas estas cuatro habitaciones y te fijes en cuál necesita tu cuidado, un repasito o que la visites más a menudo.

La habitación física

Es el cuerpo, que es tu templo sagrado, el lugar donde habita todo lo demás. Las emociones se sienten en él, la mente reside en él y la espiritualidad se concibe en él. Por lo tanto, esta habitación es importantísima y es necesario revisar estos detalles para cuidarla como es debido.

Para ello hay tres pilares fundamentales: alimentación, ejercicio y descanso. Somos lo que comemos y, sin ánimo de cortarte el rollo ni aleccionarte, hay que revisar el menú. Si bien todo son creencias y no pasa nada por comer de todo, hay alimentos de los que es mejor alejarse o no abusar, como, por ejemplo, harinas blancas, azúcares, grasas saturadas, fritos, bollería industrial y bebidas alcohólicas (sobre todo las destiladas como ginebra, ron...). Según cómo te alimentes tendrás una condición física u otra y una ener-

ciona conocimientos y sabiduría práctica muy transformadores. La traducción literal del término hebreo *Kabbalah* es 'recibir'. Los cabalistas enseñan que los seres humanos se crearon para recibir alegría y plenitud de forma ilimitada.

gía u otra, y el estado de ánimo depende mucho de la energía que tengas, ya lo sabes.

En cuanto al ejercicio físico, no hace falta que hagas *crossfit*, pero caminar, montar en bicicleta, nadar y, sobre todo, bailar te harán mucho bien. Aléjate del sedentarismo, de la pereza y de la resistencia a moverte que tu ego suele proponerte para que consumas series y comas porquerías.

Por último, llegamos al descanso, ese gran desconocido. No sólo se trata de dormir, sino de dormir bien y las horas necesarias para que el templo se restaure. Si el cuerpo te pide descanso, dáselo y vigila que realmente sea descanso... y no vagancia.

La habitación emocional

¿Qué son las emociones? La respuesta cognitiva, comportamental y fisiológica a un hecho que acontece o que creemos que acontecerá. Por ejemplo, si oyes un estruendo, a no ser que estés en la Comunidad Valenciana en época de fallas, seguro que te pones alerta.

La respuesta cognitiva es pensar en qué habrá pasado, preocuparte y asustarte. La respuesta comportamental probablemente será llamar a la familia para ver si están todos bien y esconderte. Por último, la respuesta fisiológica implica cómo se refleja este acontecimiento en el cuerpo (se te encoge el estómago, tienes sudores fríos...). Así funciona con cada cosa que sucede o que pensamos que sucederá. Las emociones generan un calor energético que ha de ser resuelto, y si no se atienden pueden causar malestar físico e incluso enfermedades.

Las emociones no son ni buenas ni malas; simplemente existen y tienen su función. Todas son válidas: lo importante es dejar que vengan y se marchen, sin quedártelas. Te recomiendo que leas el libro *Dejar ir. El camino de la liberación*, del doctor David R. Hawkins, una obra maestra del aprendizaje humano que te ayudará a conectar con tu esencia.

El entrenamiento emocional es tan necesario como el físico. Saber cómo administrar las emociones es ser dueño de tu vida y, una vez que lo eres, decidir cómo vivirla, sin apego, sin lucha, recordando a los estoicos, que dicen que siempre es mejor descartar la primera emoción que llegue, y yo añadiría la importancia de no identificarse con ninguna, sino sólo observarlas y sentirlas. Tenemos tendencia a rechazar las que consideramos malas y atesorar las buenas y eso al final es sufrimiento, pues nada dura para siempre excepto Jordi Hurtado. Recuerda que todos los hechos son neutros y que al final tú decides cómo vivirlos.

Con el objetivo de ayudar a desarrollar la inteligencia emocional creamos hace unos años «El gimnasio de las emociones», una actividad que organizamos tanto en formato presencial como online, para particulares y empresas, con la que entrenamos la gestión emocional con valentía y diversión, basándonos en el yoga de la risa y en otras muchas disciplinas y dinámicas supereficientes para soltar y crecer aprendiendo a gestionar nuestras emociones.

La habitación mental

Aprende a usar la mente y luego no te lamentes. Esta frase me encanta y resume la importancia de conocerse y aprenderse.

Ésta es una de mis habitaciones favoritas. Gracias a la neurociencia he podido averiguar las maravillas del funcionamiento de la mente. De entrada, la mente no es el cerebro: la mente sería el software y el cerebro el hardware, es decir, la mente son los programas que el cerebro (ordenador) ejecuta, y tu inteligencia emocional la que da las órdenes basándose en tus conocimientos, tus creencias y tus decisiones. *Capisci*? ¿Se ha entendido?

Si lo has entendido, comprenderás que la mente no tiene vida propia, sino que la ha asumido porque no te has puesto al mando, primero porque no te han enseñado ni preparado para ello, y segundo porque no has tenido interés en hacerlo. La mente es poderosa y siempre se siente ávida de aprender cosas nuevas, así que tú verás lo que le enseñas.

Visitar la habitación mental tiene como fin aprender a seleccionar bien dónde poner esa atención, cultivar la psicología positiva y tomar las riendas, además de hacer limpieza de trastos, es decir, de recuerdos o creencias inservibles y dolorosas.

¿Sabías que la mente recompone los recuerdos y que al traerlos al presente se desvirtúan y modifican? Mira que si llevas tiempo sufriendo por algo que recuerdas y no fue exactamente así como ocurrió… Tremenda tontería, ¿verdad?

Hay un concepto de Eckhart Tolle que me encanta y dice así: si alguna vez te sientes mal por algún acontecimiento que ocurrió en el pasado del que seas responsable, en vez de castigarte piensa que en aquel momento te pareció una buena idea. Espectacular, ¿verdad?

Trabajar en esta habitación es poner orden en su desorden y tratar con el personaje que se ha creado dentro de ella desde tu más tierna infancia para protegerte y cuidar de ti: tu ego, esa falsa representación de ti que habita en tu interior y habla como tú, pero que no es realmente tú. Creo que esto ya ha quedado bien explicado con anterioridad y es muy importante que lo tengas en cuenta.

La habitación espiritual

También puedes llamarla *transpersonal*, pues a veces la espiritualidad nos suena a un concepto religioso y eso nos puede tirar para atrás, por aquello del pecado y demás: el espíritu santo, el purgatorio para las almas, el cielo, el infierno...; en fin, no voy a entrar ahí, que me caliento. A lo largo de la historia la religión se ha apropiado y ha hecho un mal uso de muchos términos y conceptos. También se adueñó del concepto y de la palabra *amor* para limitarlo al amor romántico, y la verdad es que el amor es algo tan inmenso que resulta absurdo cercenarlo para arrinconarlo en el romanticismo.

Esta habitación es un regalo. Por lo general está poco transitada; no sé si será así en tu caso, pero espero que tras esta lectura te sientas con más ánimo de visitarla.

Seguro que has oído hablar de que la felicidad está en el interior y no en el exterior. Tiene sentido, pues las cosas fuera fluctúan y dentro son más sencillas de administrar desde el poder de decisión. Estos conceptos de dentro y fuera nos sirven para entender la espiritualidad como nuestro mundo interior. No es preciso que lo asocies con la religión, porque no tiene nada que ver con ella: es la parte en la que resuelves desde tu esencia, desde esa consciencia que hemos descubierto que lo observa todo, ¿la recuerdas?

Dicen que cuando rezamos hablamos con Dios y cuando meditamos lo escuchamos. Y ahora me dirás: «Rielo, si me acabas de decir que no tiene nada que ver con la religión, ¿por qué mencionas a Dios?». Pues porque, hasta donde yo sé y creo, Dios no es religión, sino que es la totalidad, la creación y la consciencia universal, y la religión es la forma en que los humanos deciden interpretar esos conceptos. Cuando trasciendes el ego aparece el amor, y ahí está Dios para sostenerte y acompañarte. Entiendo que te pueda sonar raro, porque la creencia se instala en la mente y envía la interpretación que tiene asignada. Por ejemplo (y ojo, que también son cuatro):

Dios = Religión
Amor = Parejas, romántico
Felicidad = Posesión, placer, euforia
Éxito = Popularidad, fama

Toca desaprender y trabajar en esta habitación desde la calma, la serenidad y la meditación, que no es otra cosa que parar de rumiar pensamientos para observarlos y dejar que se marchen. La risa es una forma maravillosa de meditación, pues al reír sólo ríes, no piensas, no discutes con los pensamientos; es más, te ríes de ellos, y todo aquello de lo que te rías perderá fuerza e importancia.

La espiritualidad es el camino a la iluminación, y cuando algo está iluminado claramente se ve mejor, ¿no? Es como el concepto de despertar: ¿se vive mejor despierto o dormido? ¿Cómo se está más presente, recién levantado o después de la ducha y el desayunito? Pues eso, estar despiertos nos acerca al entendimiento y ese despertar se cultiva en el mundo interior. Cada día, cuando visites esta habitación, cierra los ojos y ponla en orden; desecha lo doloroso y disfruta de lo maravilloso.

Tómate tu tiempo cada día para arreglar y ordenar tus habitaciones, todas ellas. No vale sólo con una, dos o tres; han de ser las cuatro, pues están conectadas entre sí y juntas crean la armonía de tu vida.

Sonríe cada mañana al despertar y agradécele a la vida el hecho de seguir aquí. Estírate un poco, ponte una canción que te guste, cántala si te la sabes y baila. Desayuna sano, potente y equilibrado.

Dicta tú las normas, puesto que tú tienes el poder. Observa tus emociones, dale a la mente algo que aprender y de vez en cuando entra en tu interior para fortalecer tu propósito vital, que en el fondo no debería ser otro que ser buena persona y amar incondicionalmente, sin juicios.

Termina el día con una buena sonrisa y limpia tus habitaciones para cerrarlas y descansar. Mira de qué modo están todas conectadas física-mente, mental-mente, emocional-mente, espiritual-mente. Esto es un regalo para ti, lógica-mente.

Si quieres profundizar más, te animo a que veas o escuches el episodio del pódcast *«Don Diablo»* sobre las cuatro habitaciones. Al final del libro encontrarás un listado con toda la información, o simplemente búscalo en <www.angelrielo.com> o en mi canal de YouTube.

CUATRO PILARES MÁS

El Poder del Ahora

Es un libro indispensable de Eckhart Tolle. La propuesta sería la idea de vivir aquí y ahora, en el momento presente, sin ayeres ni mañanas, amando este presente e incluso iniciando una amistad con él (vamos, lo que viene siendo la aceptación). Los humanos sufrimos en dos lugares que no existen: el ayer y el mañana. Somos capaces de pasarlo mal por algo que probablemente nunca llegue a suceder. La mente humana es un delirio de potencial y funciona de un modo increíble; por eso es tan importante aprender a usarla y ponerla a tu servicio.

Si aceptas la entrada de pensamientos negativos sobre tu futuro, por ejemplo, da igual si esos acontecimientos llegan a ocurrir o no, pues tu mente ya los está viviendo y los refleja en tu presente, y lo que es más peligroso, en tu cuerpo, y se ha demostrado que los pensamientos negativos son el origen de muchas enfermedades.

El estoicismo

El estoicismo es un movimiento filosófico de vida y entendimiento certero y muy poderoso creado por Zenón de Citio en el siglo III a. C. Zenón había nacido en Citio (Chipre) y posteriormente se trasladó a Atenas, donde comenzó a propagar sus ideas filosóficas. Zenón creía que la vida debía vivirse de acuerdo con la razón y la virtud.

Los estoicos consideraban que el objetivo principal de la existencia era alcanzar la eudemonía, del griego *eudaimonía* —que se puede traducir como 'felicidad' o *flourishing*, en inglés—, pero que en el contexto del estoicismo se refería más bien a una vida de virtud y sabiduría.

El estoicismo enfatiza la importancia del autodominio, el control de las emociones y la aceptación de las circunstancias externas. Los estoicos creían que las personas podían hallar la tranquilidad y la paz interior si aceptaban el orden natural del universo y se adaptaban a él.

El estoicismo tuvo una gran influencia en la filosofía occidental y se sigue estudiando y practicando en la actualidad, ya que proporciona un marco para afrontar los desafíos de la vida, cultivar la virtud y encontrar la tranquilidad interior. Una de las prácticas de los estoicos, que no eran precisamente gente de clase trabajadora o campesinos, era salir de su zona de confort y pasar una semana sin todos los placeres y beneficios de los que disponían en su vida cotidiana. Salían de su casa y vivían con lo puesto durante un tiempo con el fin de poder valorar de verdad todo lo que tenían en su vida.

La rendición

Michael Singer es un autor conocido por el libro *El experimento rendición* (*The Surrender Experiment* es su título original en inglés). En estas páginas Singer comparte su experiencia personal y filosofía de vida basada en el principio de rendirse al flujo de la vida y dejar de resistirse a las circunstancias.

Según el autor, el «experimento rendición» consiste en soltar el control y permitir que la vida se desenvuelva según su propia voluntad en lugar de intentar forzar o controlar cada aspecto de la existencia. Singer narra su propia historia de vida, desde sus experiencias en la búsqueda espiritual hasta cómo aprendió a dejar ir las resistencias y a confiar en el proceso de la vida. El libro explora temas como la rendición, el desapego, la confianza y la apertura a las oportunidades que se presentan. Por medio de su narración Michael Singer invita a los lectores a considerar la posibilidad de vivir una vida basada en la entrega y la confianza en lugar de la lucha constante contra las circunstancias.

El experimento rendición ha llegado a ser una obra muy popular y muchas personas interesadas en la espiritualidad y la búsqueda de una vida más plena y significativa se han identificado con el libro. Sin embargo, es importante tener en cuenta que la interpretación y el impacto de éste pueden variar según la persona. Como siempre, te recomiendo que leas el libro y extraigas tus propias conclusiones sobre su contenido y la relevancia que tendría en tu vida.

Dejar ir

Basándonos en el libro del doctor David R. Hawkins, un ser iluminado que, además de crear y trabajar en el calibrado de la consciencia, como ya hemos comentado, nos enseña con esta herramienta a soltar y a no apegarnos para vivir desde el amor, entendiendo que vaciarse es dejar que todo transite y que la falta de apego nos libera del miedo, el dolor y las heridas emocionales.

Éstas son algunas de las referencias que me han hecho el camino más fácil, todas acompañadas del humor como herramienta de sanación y liberación.

Ya lo he contado en otras ocasiones, pero el camino del autoconocimiento está vinculado a la lectura, al aprendizaje, al humor en toda su esencia terapéutica y a dos valores ineludibles: constancia y voluntad. Por ejemplo, no hace mucho llegó a mi vida el libro *Un curso de milagros*, escrito por la psicóloga Helen Schucman y publicado en 1976. Es un plan de estudios que orienta al estudiante en el camino de la iluminación y en el regreso a la casa de Dios, entendiendo a Dios como la consciencia universal y no de un modo tan religioso.

Dicen que el maestro aparece cuando el alumno está preparado, y yo quiero añadir que la maestría puede llegar de una persona, un libro, un acontecimiento emocional… Desde ahí se inicia el despertar que nos acerca a la felicidad y la plenitud, lo que, evidentemente, nos llena de humor y amor.

Todas estas cositas configuran mi *rieligión*; son las que convierto en herramientas para entender mejor la vida, para disfrutarla y acercarme a la felicidad interna que me llena de alegría y me convierte en la persona que ves. Esto me parece esencial para empezar a trabajar en lo que de verdad importa, que eres tú.

44

LA VERDAD SÓLO TIENE UN CAMINO

Eso es lo que he querido seguir con este libro, el camino de la verdad, pues desde ahí el humor cobra sentido y se convierte en sentido del humor.

¿Conoces la fábula anónima de la verdad y la mentira?

Cuenta la leyenda que un día la verdad y la mentira se cruzaron.

—Buenos días —dijo la mentira.

—Buenos días —contestó la verdad.

—Hermoso día —dijo la mentira.

Entonces la verdad se asomó para ver si era cierto. Lo era.

—Hermoso día —dijo entonces la verdad.

—Aún más hermoso está el lago —dijo la mentira.

Entonces la verdad miró hacia el lago y vio que la mentira decía la verdad y asintió. Corrió la mentira hacia el agua y dijo:

—El agua está aún más hermosa. Nademos.

La verdad tocó el agua con los dedos y realmente estaba hermosa y confió en la mentira. Ambas se quitaron la ropa y nadaron tranquilas.

Un rato después la mentira salió del agua, se vistió con la ropa de la verdad y se fue. La verdad, incapaz de vestirse con la ropa de la mentira, comenzó a caminar sin ropa y todos se horrorizaban al verla.

Aún hoy en día la gente prefiere aceptar la mentira disfrazada de verdad antes que la verdad al desnudo.

No temamos a la mentira, pues, como decía mi madre, tiene las patas muy cortas.

Espero que te haya gustado mi último pequeño hijo literario, y digo último por ser el último que se ha publicado y porque cierro la trilogía de pequeños libros y pongo la intención en escribir una preciosa novela en la que, por supuesto, los protagonistas serán el humor, el amor y la felicidad.

Si has seguido las indicaciones, tendrás el libro repleto de párrafos subrayados para no olvidar los conceptos y todos los ejercicios completados y resueltos.

Recuerda que el sentido del humor da sentido a tu vida; que no es entretenimiento, aunque entretenga; que no es distracción, aunque distraiga; que es sanación, porque cura; que es liberación, pues libera; que es la nueva teoría de la relatividad, porque con humor todo es relativo y si puedes relativizar, puedes bajarle el volumen a todo lo que intenta hacerte infeliz.

Como dijo Marlon Brando, «en esta vida todos interpretamos un personaje; la diferencia es que a algunos nos pagan por hacerlo». Si tu personaje no está entrenado en el humor, no podrá resolver, no logrará vivir una vida plena y feliz, de modo que ponte manos a la obra.

Gracias por acompañarme en el camino del humor y que la vida merezca la risa.

SOBRE EL AUTOR

Ángel Rielo Fernández es un hombre del Renacimiento, lo que ahora llamamos multitarea. Comenzó su carrera artística a los seis años como maestro de ceremonias en las galas escolares y de ahí pasó a formarse como mimo y en disciplinas teatrales *amateur*. Con dieciséis años comenzó en el mundo de la música como DJ, a los diecinueve debutó en la radio, y a los veinte formó su primera banda de pop-rock y arrancó su carrera como emprendedor creando varias líneas de negocio: bares de copas, restaurantes, discotecas, una tienda de discos y una productora de radio.

Su andadura televisiva comenzó en varias cadenas locales, como Canal Sur. Y enseguida dio el salto a la televisión nacional donde ha disfrutado de una carrera exitosa. Fue también cómico de *stand-up* y poco después abrió su corazón para hacer algo más que entretener.

Es autor de varios libros y creador de la Feliciología y el concepto de *feliciólogo*, convirtiéndose en un referente del crecimiento personal y la espiritualidad actual.

Es padre de dos hijas y un hijo, y se considera una persona familiar y amable.